目次 * Contents

プロローグ

大学教員は「大学での学び」をどう語ってきたか

『大学でどう学ぶか』というタイトルの本書を手に取るのは、どのような人でしょうか。大学進学を考えている中高生や、そのような生徒を指導する先生、あるいは大学進学を視野に入れているお子さんをもつ保護者の方でしょうか。すでに大学に通っている学生の方かもしれません。

大学での学びについては、これまでもその内容や意義が説明されてきました。オープンキャンパス、あるいは多くの大学が一堂に会して模擬授業や相談受付などを行う説明会イベント。大学入学式の式辞や祝辞などで触れられることもあります。

たとえば、2019年4月12日に日本武道館（東京都千代田区）で開催された東京大学学部入学式で、社会学者の上野千鶴子さんは、祝辞として次のようなメッセージを新入生に送っています。

（…）あなた方を待ち受けているのは、これまでのセオリーが当てはまらない、予測不可能な未知の世界です。これまであなた方は正解のある知を求めてきました。これからあなた方を待っているのは、正解のない問いに満ちた世界です。学内に多様性がなぜ必要かと言えば、新しい価値とはシステムとシステムのあいだ、異文化が摩擦するところに生まれるからです。学内にとどまる必要はありません。東大には海外留学や国際交流、国内の地域課題の解決に関わる活動をサポートする仕組みもあります。未知を求めて、よその世界にも飛び出してください。異文化を怖れる必要はありません。人間が生きているところでなら、どこでも生きていけます。あなた方には、東大ブランドがまったく通用しない世界でも、どんな環境でも、どんな世界でも、たとえ難民になってでも、生きていける知を身につけてもらいたい。大学で学ぶ価値とは、すでにある知を身につけることではなく、これまで誰も見たことのない知を生み出すための知を身に付けることだと、わたしは確信しています。知を生み出す知を、メタ知識といいます。そのメタ知識を学生に身につけてもらうことこそが、大学の使命です。[1]

（傍線は筆者）

また、大学教員の手によってまとめられた書籍もあります。発達心理学者であり、大学生の学びや成長にも詳しい溝上慎一さんの『大学生の学び・入門――大学での勉強は役に立つ！』（有斐閣アルマ、２００６年）をひとつの例として挙げることができるでしょう。重要な点が多々示された書籍ですが、そのなかに、次のような記述をみることができます。

（…）大学での勉強が高校までの勉強と違うことは、誰もがいってきたことである。高校までの勉強には正解があるし、試験にこの問題は出る、この問題は出ないといったように、勉強するべき知識量にも制限がある。（中略）

1　https://www.u-tokyo.ac.jp/ja/about/president/b_message31_03.html（２０２４年8月31日閲覧）（※ネットで「東大 上野千鶴子 祝辞」と検索するとでてきます）

大学での勉強（学問）には、基本的に正解というものはない。もちろん大学での勉強と一口にいっても、基礎から最先端までレベルはさまざまである。基礎の極に向かえば向かうほど正解があり、少なくともこういうふうに考える、理解するという基礎や基本がある。それは「学問」というよりは「勉強」という姿に近く、大学受験までの「勉強」ともかなり似ている。しかし、最先端の極へ向かえば向かうほど一律的な答えというものはなくなってきて、いくつかの根拠をもって「こういうふうに見える」「こういうふうに考えられる」となってくるのが一般的である。何を根拠とするかによってある問題や事物の見方や考え方が異なってくるということは、文科系、理科系を問わずにあるのであって、この最先端の極は「勉強」と呼ぶより「学問」と呼ぶにふさわしいものである。

（溝上2006、21－22頁）

上野さんが指摘していることと、溝上さんが指摘していることとは、本質的に同じだといえるでしょう。大学で扱うのは答えのない問いであり、それを自ら追究していく学びこそが大事。私自身、この説明には強い共感を覚えます。私もこれまで高校生を相手に大学での学びについて語るときは、同じような説明をしてきました。「この世界は極めて複雑であり、わかっていないこと、みえていないことがたくさんある。小・中・高校でも「探究学習」で、日常生活や社会の謎にせまる経験を積むようになっているが、大学はそれを本格的に行うところ。「勉強」から「学問」へ。大学での学びはそのように表現することができる」――。

教員と学生との距離

とはいえ、以上はあくまで大学教員の目からみた学びの特徴です。そしていうまでもなく、大学教員の多くは「研究者」という顔ももっています。なるほど、ここで以上の説明を見直せば、「研究こそが大学での学び」というメッセージになっているようにも思えます。

答えのない問いを追究する営みは「研究」そのもの。たしかに大学での学びには、研究の要素が含まれています。この点についてはのちほど触れますが、ただ、研究がどのようなものか十分に知り得ていない状態で「答えのない問いを扱うんだよ」「研究こそが大学での学びだよ」といわれても、なかなか実感がわかないかもしれません。

実際に学生たちは大学での学びをどのようにイメージしていたのか。そこに「研究」の要素が入っていたのかどうかを知りたいと思い、実験的な調査を行ってみました。私が担当している大学1年生向けの授業で配布した簡単なアンケート調査です。実施時期は2024年7月。早稲田大学教育学部教育学科教育学専攻生涯教育学専修に入学した学生が対象で、65名が回答してくれました。

まず、大学入学時に、大学での学びや成長に対してなんらかのイメージをもっていたかどうかを尋ねたところ、65名のうち52名の学生が「イメージをもっていた」と回答していました。残りの13名は「合格することが目標だったので、そのあとのことは考えていなかった」「WEBサイトなどをみたけれども、その説明では具体的なイメージがわかなかった」といった理由で「否」と回答していたようです。

では、52名の学生はどのようなイメージをもっていたのでしょうか。具体的に記述してもらったところ、「興味のあることを学べる」「広くて深い、世界の多様さに触れる」

「やる気との戦い」「ディスカッションが増える」「抽象的な内容を扱う」「自分の意見を表現することが求められる」といった言葉が並んでいました。決して間違ったものではありません。どれも大学での学びの特徴をあらわしています。ただ他方で「研究」活動に関することを書いた人がいるかどうかを確かめると、該当するイメージを挙げた学生はわずか1名でした。学生は「研究」以外のイメージを抱きながら大学に入学している。大学教員との距離を痛感する経験でした。

追加すべき2つのポイント

大学でどう学ぶか――改めて考えると、中高生や大学で学びはじめたばかりの学生にこの点を伝えるには、おそらく次の2点に留意する必要があるといえるでしょう。

1つは、大学での学びの真髄が「研究（＝答えのない問いについて追究すること）」にあるとしても、研究することでどのような成長が見込まれるのかについての説明が必要だということです。

大学に進学する人のなかで研究者になりたいと考えている人はごく一部。だとすれば、

「大学での学びは研究だ」といわれても、多くの学生はピンとこないでしょう。むしろ「研究者になりたい人は、研究すればいい。けれども、自分は研究者になるわけではない。関心がある授業をとり、さまざまな知識を吸収するという学生時代を過ごせばいいじゃないか」と思われるのが関の山です。研究に取り組むと何がいいのか。なぜ、研究なのか。その答えも多様だろうと思いますが、なんらかのストーリー、しかも説得力のあるストーリーを示すことが重要であるように思います。

もう1つは、「研究」以外の活動も視野に含めながら、学びや成長にとって大事なポイントを提示していくことです。

「大学での学びや成長についてイメージをもっていた」と答えた52名には、情報ソースが何かについても答えてもらいました。回答をみると、およそ高校の先生、先輩、親（保護者）を挙げる人が多く、要は第三者の語りがイメージの土台となっていたわけです。では、高校の先生、先輩、親（保護者）はその学生に嘘《うそ》をいっていたのでしょうか。そうではないはずです。高校の先生、先輩、親（保護者）は、研究とは異なる次元の学びを経験し、その印象が強かった、自分の成長につながったと思っているからこそ、先述のようなメッセージを伝えていたと考えられます。では、「研究」以外の学びの特徴で、とくにおさえておくべきことは何でしょうか。成長に大きなインパクトを与えるものは何でしょうか。そしてその学びと研究の関係性、流れなどをどう捉えればいいのでしょうか。こういった点を整理したストーリーを構築する必要があると考えられます。

学生の語りから読み解く大学時代の過ごし方

以上に鑑み、本書では「大学でどう学ぶか」について、いま述べた2つの点を意識した議論を展開してみたいと思います。しかもシンプルでありながら本質を外していない、そして適宜学術的な理論や概念を用いながら明快なストーリーを提示する。かなり難易度の高い目標をたててみましたが、この大きなチャレンジに取り組むにあたって、手がかりにしたのは、実在する学生たちの成長物語です。

2020〜23年度の4年間、科学研究費補助金という研究費をもらって、現代日本の大学生がどのようなキャンパスライフを送っているのか、大規模なインタビュー調査を行いました。領域は社会科学系に限定しましたが、研究チームの仲間と手分けして80

名を超える大学生（4年生中心）に、1人あたりおよそ1・5〜3時間、場合によっては6時間を超えるインタビューを行いました。調査概要は図表1のとおり。学生たちが通う大学のタイプも多様です。[2]

インタビュー調査では、大変興味深い、そして示唆的な学びや成長の物語が多く収集されました。大学に進学する前にどのような期待を抱き、進学したあとどのような印象をもったのか。何に刺激を受け、何に幻滅し、迷い、どのように状況を打破しようと試み、その結果どうだったのか。いずれも大事なポイントを含む物語で、もちろん研究以外の文脈での語りも多くみられました。

そのすべてを紹介したいところですが、思い切った焦点化をしないと「みんな多様だね」と議論が拡散し、何が大事なのかがわからなくなってしまいます。さきに、シンプルでありながら本質を外していないストーリーを目指すといったのは、そのためです。

そこで、本書では、E大学に通う6人を取り上げ、かれらの語りから、大学でどう過ごすことがどのような成長につながるのかを整理してみることにしました。登場してもらうのは、マオ、ヤスシ、ワカバ、メイイ、カズヨシ、リョウヘイの6人（いずれも仮

	機関タイプ	所在地	調査期間	対象者数
N大学	ノンエリート大学	関西	2021～2022年度	18名
M1大学 M2大学	中堅大学	関西 関西	2022年度 2022年度	8名 8名
E大学	エリート大学	関東	2020～2022年度	34名
放送大学		関東	2021～2022年度	18名

図表1　調査の概要

名）です。目を見張るような成長を遂げた学生もいますし、そうでない学生もいます。その多様性をどう読み解くことができるのか。こうした切り口から、大学で豊かに学ぶための手がかりを抽出していくことにしましょう。

なお、本書では第5章で、「学（校）歴」の効果についても論じます。そこでは、ノンエリート大学（N大学）の学生・ノリカ（仮名）にも登場してもらいます。またマオら6人と同じE大学に通う別の学生（アキラとヨシナオ、いずれも仮名）

2　なお、図表1に示す調査データ全体を用いた分析は、濱中淳子・葛城浩一編『〈学ぶ学生〉の実像――大学教育の条件は何か』（勁草書房、2024年）にまとめています。学術書として書いたものではありますが、関心のある方は、本書と合わせて手に取っていただければと思います。

にも登場してもらいます。

では、実際の学生たちの物語からどのようなヒントを得ることができるのでしょうか。まずは6人の具体的な物語からみていくことにしましょう。[3]

3　第1章で示す6人の物語については、名前をはじめ、個人情報保護のため、主旨が変わらない程度に発言や状況の一部に変更を加えていることを先に断っておきます。

第1章

6人の物語——それぞれの4年間

◆マオの4年間

では、早速、学生たちのリアルな物語をたどっていくことにしましょう。

最初はマオです。有名な首都圏の私立中高一貫校出身であるマオの進学先は、社会科学を幅広く学ぶことができるS学部。進学してからの4年間、どのような時間を過ごしたのか、マオの言葉を交えつつ紹介します。

＊　＊　＊

両親と同じE大学へ

大学合格実績で全国的にも有名な首都圏私立中高一貫校出身のマオ。「自由な校風」で知られる学校だが、マオは中高時代を「実際に入学してみたら、全然自由じゃなくて」「課題が多い」「すごく厳しかった」と振り返る。小テストや定期テストで合格基準に達しなかった場合、達するまで追試。マオも追試常連組だったそうだ。

いい思い出もある。マオは軽音楽部に入っていた。部活のみんなと演奏の練習をした

こと、寄り道したり、一緒に漫画を読んだりしたことについて、「本当に楽しかった」という。

マオが大学進学のことを具体的に考えはじめたのは、高校1年生のとき。仕事に就いてから役に立つだろうと、マーケティングを学べる学部学科を中心に志望校を検討していった。しかし、徐々に幅広く学べるほうが無難だと思うようになり、E大学の社会科学系学部にねらいを定めた。E大学を第一志望にしたのは、「キャンパスが広くて、大学っぽい」と思ったから。マオの両親がE大学出身だったことも大きかったようだ。「ほかの大学のオープンキャンパスにも行きました。それぞれ素敵だなと思ったんですが、うーん、なんでしょう。やっぱり、E大学の話を聞いて育ってきたからかな、と思います」。

志望校が決まってから、マオは勉強に全力を傾けた。結果、第一志望に現役合格。家族皆で喜びを分かち合った。

ちょっとサボった結果

幅広さを重視した学部選択だったが、もともとマーケティングに関心があったマオは、1年生の春、経済学や商学の授業を中心に履習登録をした。入学してすぐにできた友人から、マオが登録したいくつかの授業について気になる噂《うわさ》を聞いた。かなり厳しいらしい。「しまった」と一瞬思ったが、学びたくてE大学に入ったのだ。大変だったとしても、きちんと勉強すれば問題ない。そう考えて授業に臨んだが、決意はあっけなく揺らぐこととなった。

マオに1年生の4月に抱いていた気持ちを思い出してもらった。授業開始第1週は「E大学の授業ってどんなかんじなんだろう。とにかく大学生っていうのがうれしい！」、第2週は「あー、朝早いなあ」、第3週は「もういいや」。3週目にして、マオはフェイドアウトしてしまった。

フェイドアウトした理由として、マオが真っ先に挙げたのは「大学受験が終わった解放感」だった。勉強に集中することができない。ただ、解放感だけが原因ではなかったようだ。マオは、2つほどほかの理由を挙げていた。

1つは、受講した授業の形態だ。「高校の先生は、生徒を引き付けるために、話し方とか考えてくれていたと思うんですよ。はきはきしゃべっていたし、私たちが眠くならないような仕掛けが随所でみられたというか。でも、大学の授業ってそうじゃない。数百人相手に、ただ資料を読み上げるだけみたいな授業が多くって、これだとね……みたいなかんじで気持ちも冷めていきました」。

もう1つは、教員からのフィードバックがなかったことだ。授業のなかには、リアクションペーパー（授業についての感想や意見）の提出を求めるものもあった。中間レポートを出させるものもあった。どう書けばいいのかわからないままとりあえず提出したが、「良い」も「悪い」も、とにかくフィードバックがない。授業のなかで迷子になっているようなかんじがした。「最初につまずいても、途中で「やっぱり頑張ろう」と思える何かがあれば、再び授業に積極的になれたかもしれません。でも、よくわからないままだった。自分の理解や考えたことがどうなのか、誰も教えてくれないし、戻らないままズルズルと時間だけが過ぎていったかんじで」。

結果、マオは1年の春学期に10単位落としてしまう。さすがに少し焦った。4年間で無事に卒業できるだろうか。1年秋学期以降、マオは内容を問わず、ただ楽単（楽に単位を取れる授業）と呼ばれる授業を登録することで、効率的に単位をそろえていくようになる。いま4年間を振り返ると、授業で何を学んだのか、ほとんど思い出すことができない。

ゼミ担当教員のことはほとんど知らない

とはいえ、マーケティング、経済学、商学への関心を失ったわけでもない。マオは、経済学のテキストを輪読するゼミを選んだ。K教授のゼミだ。毎回、テキストのひとつの章をとりあげ、担当となった学生が解説、わからないところ、議論したいところを提示し、それを皆でディスカッションする、といった構成だった。

マオも数回担当し、そのときは時間をかけて準備をしたが、担当しないときは、テキストを読まないまま参加していた。「読んでいかなくても大丈夫だったんで。発表をきいていればわかることが多かったし、わからなかったとしても、別に発言は義務じゃないから黙っていればいいし、ゼミの後にちょっと教科書を読んで追いつくみたいな」。

K教授がどんな先生だったのかを尋ねると、マオはしばし沈黙した。「えーっと、経済学の先生で……。あ、娘さんが1人います」。出身大学や、具体的な研究テーマ、どのような主張をされているのかについて尋ねると「そうですね……、週に1回しか会わなかったし、そんなに話したこともないし、ゼミで1回交流会があってそこに参加はしたんですけど、K先生のことは全然わからないですね」と答えた。

マオの所属学部では、卒業論文の執筆はゼミ次第としており、K教授はとくに必須としていなかった。「書くのだったら、指導する」というスタンスだ。マオは悩むことなく、書かないと決めた。自分の関心を変えるようなゼミ選択は嫌だが、だからといって関心を突き詰めたいわけではない。

詰まるところ、ゼミも、ほかの大人数授業と同程度の位置づけだったようだ。「「単位取れた、完結」というかんじで、次の学びにつながらないという点でいえば一緒ですね」。興味が沸き立つようなことも経験しなかった。単位を取るために必死になるということもなかった。悔しいという思いをすることもなかった。発表担当のときはそれなりに準備に時間をかけたが、そのほかに印象に残ることはなかったというのが、マオのゼミ経験だ。

ガクチカは軽音サークル

授業の位置づけが以上のようなものだったら、就職活動のときに話す「ガクチカ（学生時代頑張ったこと・力を入れたこと）」は当然ながら勉強以外のものになるはずだ。マオは最終的に大手金融会社に就職することになるのだが、内定をもらうまで7回面接があったという。その際、自分の強みとして話していたのは、軽音サークルでの活動のことだった。

マオの軽音サークルについて、少し説明しておこう。サークルの部員は約80名。サークル内に30ほどのバンドがある。それぞれのバンドでコピーしたい曲を決め、練習、ライブを行う。学園祭などには、オーディションを勝ち抜いたバンドがいくつか出演する、といったかんじだ。マオ自身、気が合う仲間とバンドを組み、演奏の練習をしていたが、マオはドラム担当だった。中高時代の軽音楽部でもドラムを担当していた。軽音も、ドラムも、引き続き、というかたちだ。

1年生の春学期に授業に幻滅したマオは、軽音サークルに通い詰めるようになる。

「軽音サークルが、キャンパスでの居場所でした。キャンパスに来ると、部室に行き、みんなとしゃべり、そこから授業に行き、また部室に戻る。部室で「あー、授業だー。行きたくないなあ。今日はサボっちゃおう」みたいなこともよくありました」とマオは語る。その軽音サークルを「強み」として表現できたのは、ドラム担当だったことが大きい。マオはあるバンドのメンバーだが、ほかのバンドのなかには「ドラム以外はすべてメンバーがそろった状態」というものが少なくなかった。つまり、マオのところに「臨時メンバー」のお願いが殺到するのだ。マオは時間が許す限り、対応した。興味がない曲の演奏だったとしても、助けに入った。それを「貢献心」という言葉で表現し、多くの内定を勝ち取った。どの企業でも「貢献心」が高く評価された。

なお、面接で、大学の授業や学びのことはほとんど聞かれなかったという。「授業のことを聞かれたら、アウトでしたよね。成績もよくないですし。単位はそろえましたけど、低空飛行でした」。マオは苦笑いする。

受験勉強だけだと思われたくない

マオに学ぶことをどう捉えているかを聞くと、「とにかく知識はほしい」と即答した。将来の仕事に役立つ知識はもちろんほしいが、教養と呼ばれるような知識がもっとほしい。具体的には、「日本史」「文化」「宗教」といった言葉が並ぶ。受験バカだと思われたくないからだという。

憧れていたE大学に進学したことで、「E大学なのに、こんなことも知らない」「こいつは受験勉強ばっかりやってきたから」といわれないようにしなくてはという気持ちが強くなった。実際にそのようなことをいわれたことはない。けれども、いつかいわれるのではないかという漠然とした不安を持ち続けている。「こんなことも知らない」といわれたとしても、「でも、私はほかの○○について知っている」といえるぐらいの武器はほしいと考えている。

しかし、だからといって、読書に熱心というわけでもない。読書のペースは、1年に小説を2冊ぐらい。「大学では、専門のほかに、教養も頑張ろうと思っていたんですけど、なんか4年間があっという間に過ぎてしまいました」。

インタビューの最後に、大学時代における学習の取り組みを10点満点で評価すると何点になるか、と尋ねた。1点が「まったく頑張っていない」、10点が「非常に頑張っている」。マオの答えは「2点」だった。名前の知れた大学を卒業し、人気のある企業の内定も勝ち取り、それなりに楽しかった。不満があるわけではないが、学びへの動機が「E大学なのに」というところでとどまっていることも、マオの学生生活の特徴のひとつである。

◆ヤスシの4年間

続けて紹介するのは、ヤスシの物語です。

ヤスシは強いチームでラグビーがしたくてE大学に進学しました。課外活動も学生生活の重要な一部。とくに学生スポーツに対しては、スポーツマンシップやフェアプレーの精神、協調性、リーダーシップを体得することができると好意的な見方が示されることも少なくありません。

では、学生スポーツに打ち込んだヤスシはどのような経験を積み重ねていったのでしょうか。こうした視点から読んでみてください。

＊　＊　＊

ラグビー中心の生活

ヤスシのストーリーを紡ぐのに、ラグビーは欠かせない。ヤスシがラグビーをはじめたのは、小学校3年生のとき。両親がラグビー好きだったのと、たまたま車で5分ぐらいのところにラグビースクールがあったというのが、はじめたきっかけだ。身体が小さかったあいだこそ、スクールに通うことを嫌がっていたそうだが、小学校高学年ともなると、心の底からラグビーを楽しむようになっていたという。「スクールは週に1回、しかも2時間だけだったんですけど、本当に好きで。チーム自体は、すごく弱かったんですよ。なかなか勝てなくて、それでラグビーの強い中学に入りたいなって」。

ヤスシは親に頼み込んで、中学受験をした。受験校は、偏差値や交通の便というより、とにかく強豪ラグビー部があるところという基準で選んだ。合格したいくつかの中学のなかから、大学合格実績も好調な学校に進学。ラグビー三昧の6年間を送ったのかと尋ねると、「うーん……。あ、定期テストのときはすごく勉強していました」と答える。学校が定期テストに厳しかったのか。さらに尋ねると、「いえ、そういうわけではなくて。大学でも強いチームでラグビーがしたくて。E大学とかX大学とか……。そこに推薦で確実に進学しようと、成績を意識していたんですよね」。

ヤスシの生活、そして判断基準の中心にあるのは、とにかくラグビーだった。

「高校までと違う」学びとは

作戦は見事に成功し、ヤスシは推薦でE大学T学部に合格する。ヤスシに大学での授業がはじまった入学直後の印象を尋ねると、「別に何も……」と答えた。ラグビーをするためにE大学に進学したヤスシにとって、自分の専門が何であるかということに関心は向いていなかった。数学など、苦手な科目を使わないものであれば、何でもいい。とくに大学での学びに期待しているわけではない。それゆえ、「面白い」とも「面白くない」とも、「期待どおり」とも「期待外れ」とも思わなかったのだ。

とはいえ、高校までの学びと大学での学びとの違いについては面食らったという。

「高校までの勉強は、ただ暗記すればよかったんですけど、大学に入ってからは、レポートで成績がつけられることが多くて。最初は「どうすればいいんだろう」って困っていましたね」。

ただ、困ったものの、ヤスシがそこでなにか行動を起こすわけではなかった。先輩などにアドバイスをもらうこともなく、「レポートの書き方」について調べるわけでもなく、「こんなもんかな」というものを自分なりに作成し、提出した。それで無事に単位がきたことを確認し、「あ、あれでよかったんだ」と判断する。それからは「こんなもんかな」というレポートを書き続けていったという。

大学4年間のあいだ、ヤスシはラグビー中心の生活を送っていたが、暇な時間にはアルバイトもしていた。さまざまなタイプの仕事をしたが、もっとも気に入り、長く続けたのは、料理のデリバリーサービス宅配員のアルバイトだという。「あれは、与えられた仕事があって、とくに自分で考えることもなく、いわれたことをこなすだけじゃないですか。誰かと何かしなくてはいけないというわけではないし。自分にとって一番やりやすかったですね」。ヤスシに「レポートも、そのアルバイトのようなかんじでこなしていたのか」と尋ねると、「そうかもしれません。いわれてみたらそうですね。課題が与えられて、すでにもっている知識を課題に当てはめるように並べて、まとめて提出する。誰かに相談するわけでもないですし……。あ、似ていますね」。

ヤスシにとって、大学の授業課題とデリバリーサービスの仕事は、ほぼ同等。なかなか興味深い組み合わせである。

授業の取り方

E大学ラグビー部といえば、かなりの大所帯で、メンバー同士の結束も強い。また、ヤスシ自身、運動部に所属する学生専用の学寮に入るという選択をしていた。いつも先輩や友人らが周りにいるなかで、授業やテスト、レポートの話はでなかったのかと尋ねると、「授業の話は結構出ますけど、「これが楽単だぞ」とか、そんな情報ばかりでしたね」という。

とはいえ、ヤスシは「楽単か否か」をさほど重視しなかった。それ以上に重視したのは「ラグビーの練習時間と重ならない時間に開講されているもの」という条件である。

ラグビー部の練習は週に6回。月曜日から金曜日までは毎日ある。夕方からが練習時間だったため「2限は確実に埋めていましたね。3限は練習場への移動を考えると、あまり入れたくない。3限に入れるぐらいなら、1限の授業を取っていました」。

知識の体系性どころか、関心すら反映しない取り方である。すべてがラグビー基準で、関心に重きを置かないヤスシだからこその選択なのだろう。「いま振り返ると、つまみ食いみたいなかんじで、結局何を学んだのか、自分で説明できないんですよね」。それどころか、ヤスシは授業の内容も、そして担当した教員のことも思い出せない。ヤスシの履修記録をみながら、いくつか内容や教員のことを尋ねると、「うーん、すみません、何の授業だったか覚えていません」「1回、グループで発表する機会があった授業だったけど、なんの発表だったか忘れました」「あのー、たしか40代か50代ぐらいの女性の先生だったと思うんですけど……」といったような返事が繰り返し聞かれた。

ヤスシの所属する学科は、ゼミ登録が必須だ。ゼミをどのように選んだのかを尋ねると、少し間をおいてから「選んでいない」と答えた。ラグビーに忙しく、ゼミ登録締め切り日までに希望を出すことを忘れ、自動的に履修者が少ないゼミに割り振られたという。「しまった、と思ったんですけど、1年のときから仲良くしていた友達もいたんで、まあ、いいかなと」。ラグビー中心で、授業にこだわらない姿勢は、徹底しているようだ。

ほかの課外活動には手を出さない

最近の学生の多くはインターンシップ（学生が在学中に自らの専攻、将来のキャリアに関連した就業体験を行うこと）に参加する。リクルートキャリアやマイナビ、ディスコ（現・キャリタス）といった民間就職情報企業が実施する学生調査の結果によれば、大学4年間で参加経験のある学生は70～80％ほど。E大学の学生も、その多くがインターンシップに参加する。

しかし、ヤスシはインターンシップに参加しなかった。わずか1日といった超短期のインターンシップもあるが、それすら参加していない。さらにいえば、留学をはじめとする海外体験にチャレンジしようとしたこともない。また、大学祭などのイベントに参加することもなかった。「やってもいいと思うんですけど、そんなラグビーを休んでまで行くようなものじゃないって思っちゃいますよね」。ヤスシによれば、ラグビー部全体がそのような雰囲気なのだという。オフシーズンに短期インターンシップや海外旅行にチャレンジしようかとも考えたが、結局見送った。

ただ、いくらラグビー中心のヤスシとはいえ、さすがに就活は気になっていただろう。心配することはなかったのかと尋ねると、ラグビー部ゆえの自信があったという。「ずっとラグビーをやってきたことを売りにすればいいと思っていたんで。チームでの動きに慣れている。どうしていけばいいというのをチームみんなで意見を出し合って判断しているので、それは仕事でも活きる、ということもできるし、コミュニケーション能力があるということもいえる。それと、忍耐力。ラグビーを10年以上もやってきたということを前面に出していけばいいかなって」。そしてその自信をさらに支えていたのが、ラグビー部の先輩からの情報だ。業種や企業のことを自ら調べずとも、先輩が教えてくれる。「ラグビー部の先輩からは、かなり話を聞いていますね。おかげで戦略がすんなりまとまって」。

やはりヤスシの生活は、ラグビー中心である。

尊敬する人は、高校時代のラグビー部L監督

大学進学以降、ヤスシにも多くの人との出会いがあった。ラグビー部の関係者だけでなく、学部学科の友人、それに教員たちもいる。

社会学の用語に「意味のある他者」というものがある。自己概念に強い影響力をもつ人物のことだ。では、ヤスシはキャンパスで「意味のある他者」に出会う経験をしたのだろうか。出会ったとすれば、やはりラグビー部の関係者か。自分に影響を与えた人はいるか、いるなら誰かとヤスシに尋ねると、「自分に影響を与えた人ですか？　そうですね……。高校時代のラグビー部のL監督ですね」と答えた。その監督からは「相手をみてプレイせよ」ということを教えてもらった。これは、ラグビーのことだけでなく、これからの仕事人生でも活きてくる教え。だからL監督こそ、自分に影響を与えた人であり、恩師であると力を込めて説明する。

「相手をみてプレイ」することが、仕事にも活きるはずというその判断は、おそらく正しい。ヤスシは卒業後、とある企業の営業職に就く予定だ。顧客のことや同僚の動きを

みながら、場面によってはとっさの判断というのも必要になってくるだろう。

高校時代の監督の言葉が仕事の場でも活きるということを、大学時代に気づいたということであれば、その気づきを大学での成長とみることもできるだろう。とはいえ、換言すれば、それを超えるような成長の物語がヤスシから語られることはなかった。

L監督を超える「意味のある他者」には会えなかった。これが、ヤスシの4年間の物語である。

◆ワカバの4年間

好きなこと、得意なことを伸ばせという教えを耳にする機会は少なくありません。「好きこそものの上手なれ」という諺《ことわざ》もあります。けれども他方で、苦手なこと、コンプレックスに向き合うことで手に入れる成長もありそうです。

3人目の学生であるワカバは、コンプレックスを原動力に突き進むタイプ。ワカバは大学に進学してからどのような道のりを歩んだのでしょうか。少し時間をさかのぼったところからみていきたいと思います。

＊　＊　＊

あえて自分に向かない領域を選ぶ

北陸で育ったワカバには、もうひとつの故郷がある。米国だ。父親の仕事の関係で、幼少期から小学校低学年まで西海岸で過ごした。当時、英語を話していたことはうっすらと覚えている。でも、学年があがるにつれて、「英語を話す自分」はどこかにいってしまった。米国で育ったのに、英語が微妙――中学生になったワカバは、コンプレックスと向き合いながら成長していく。

まず、はじめたのが、英会話学校に通うことだ。このレベルの英語力にとどまってはいけない。強い焦りがあったが、やはり幼少期に英語圏にいたことが功を奏したのだろう、スピーキング力はめきめきと上達した。それは次第に自信になり、中学時代に1回、高校時代に1回、合計2回、短期の語学留学にもチャレンジする。手ごたえもあり、海外の大学に進学することも視野に入れはじめた。TOEFL対策塾にも通いはじめたが、そうしたなか、ワカバにひとつの疑問が生じた。「英語には自信がある。それだけのことはやってきた。でも、それ以上に、コンプレックスを克服したことこそが私の強みなのではないか」。

勉強は好きなほうだ。ワカバの決断は速かった。海外の大学に進学するのではなく、日本のトップ大学といわれているところに進学しよう。いい環境に身を置き、刺激的な人たちと時間を共有していこう。そして、あえて多くの困難にぶつかるようにしたい。場所は東京だ。東京なら、情報が溢《あふ》れていて「もう、どうしよう」という気分になるはず。学部は、人文系が好きだからこそ社会科学系。自分に向かないビジネスを学んでみよう。

高校3年の秋、ワカバは指定校推薦でE大学R学部に進学することが決まった。

大規模授業を淡々とこなす

東京に出ること。自分には向かないであろうビジネス分野を学ぶこと。とにかくこの2つを重視したワカバは、大学の授業それ自体に対して、何かを期待していたわけではなかった。教室が揺れるような面白い授業をイメージしていたわけでもなかったし、ディスカッションで盛り上がるような授業をイメージしていたわけでもない。「期待していたわけではない」という表現も少し違うだろうか。「E大学で履修することになる授業をとにかく頑張ろう」。これが入学時のワカバの心境に近い。

E大学R学部で履修することになった授業は、ほとんどが大規模授業だった。数百人が入る大教室で、遠くにいる教員が講義をする。はじめて受けた授業は会計だった。ひたすら暗記という内容。なぜ、会計を勉強しなければならないのか、説明もなかったし、よくわからなかったが、暗記が得意なワカバにとって苦痛ではなかった。ただ、何回か授業を受けているうちに、教員の話を聞かずとも、テキストを読めば事足りることに気づいた。それからは、授業に出席するものの、講義は聞かず、テキストで勉強するという時間を過ごした。「ちょっと申し訳ないな」という気持ちはあったが、単位は問題なくもらえた。

入学してから受けた授業は、ほかのどれも同じようなものだった。教員が学生とコミュニケーションを取ろうとする大規模授業もあった。「これ、わかる人いますか？」「質問はありませんか？」――しかし、その問いかけに対して学生から発言がでることはなく、再び講義がはじまるのが常だった。

ワカバが1年生のときに受けた授業は、答えがひとつに定まるもの、暗記を求めるものが多かった。成績はテストの点で決まり、「○」なら「○」、「×」なら「×」と答える。マークシートのテストもあったが、記述式の問題は少なく、レポートを書く機会もほとんどなかった。

欧州留学

ワカバに「自分はどのような人間だと思うか」とストレートな質問をぶつけると、「暇が嫌いな人間だ」と答える。常に脳みそを動かしていたい。新しいことを経験したい。そのようなワカバがこだわったのは「留学」だった。海外の大学への進学こそ選ばなかったが、留学をあきらめたわけではない。指定校推薦で進学が決まってからの数か月、ワカバはさまざまなところから情報を取り寄せ、大学入学時には行きたい留学先を決めていた。着々と準備を進め、大学2年生の夏から1年間、計画通りに留学を実行した。

A
B
C
D

留学先では、「ビジネス」と「経済学」、そしてその国の文化に触れるため「美術」の授業を取った。授業自体は英語。それなりにハードルは高く必死だったが、行ってみてから、選んだ留学先が「片手間でこなせる学び」を提供するところだということに気がついた。「現地の学生からしたら、「遊びに来ているんでしょ？　だったら相手はしないよ」みたいな、「関わりたくもないし」という視線が向けられて、留学先の大学で現地の友人ができるというかんじもなくて……」。結局、その国で学ぶというより、留学生同士で過ごすという時間となった。自分なりに一生懸命留学先を検討したが、こうした結果になることは想定外だったという。

「1年間で学んだことは、恥を捨てること、そして素直になることが大事だということですかね。留学当初から、「私は真剣に学びたくてここにやってきた」「私はこういう人間だ。みんなともっと仲良くなりたい」っていっていれば、状況は変わったんじゃないかなって思います」。心残りのある結果で終わってしまった留学にも意義はあったと信じたいが、悔しい気持ちは拭いきれない――ワカバは硬い表情をする。

ゼミで伸ばした調整力

留学先から帰ってきたワカバの学びの起点となったのは、M教授のゼミだ。なぜ、M教授を選んだのかと尋ねると、「M教授の大規模授業を受けたとき、M教授は、何というか、学生からの反応がないのに、「質問はありませんか？」「大丈夫ですか？」と確かめることを繰り返してくれて、熱心な先生だなって……」。

そしてもうひとつ、M教授のゼミを選んだのには、大きな理由がある。そのゼミでは、計量経済学（econometrics：経済学の理論に基づいて経済モデルを作成し、統計学の方法によってその経済モデルの妥当性に関する実証分析を行う学問）を用いた論文をグループでまとめることを課題として出す。そして、ワカバは計量経済学が苦手。自分に困難を課すことをモットーにするワカバらしい選択だ。

グループ構成は5人。グループでテーマを選び、データを集め、分析し、論文としてまとめる。M教授は基本的に静観スタイルで、学生たちが質問した場合のみ助言する。ただ、それもごく簡単な助言だという。

学生たちが試行錯誤しながら共同で経済学の論文を仕上げる。難易度の高い課題であるが、ワカバは「専門的なことよりも、むしろ人間関係の調整役というか、そんなことばかりしていました」と振り返る。

具体的にはこうだ。5人のグループメンバーのうち、計量経済学に詳しい学生が1人いた。自然とその人がリーダーになったが、その学生は、自分が理解できていることを他人が理解できないのを許せないタイプだった。途中まではグループとして動いていたが、徐々にそのリーダー学生が1人で作業するようになり、うまくコミュニケーションが取れなくなっていった。ここでワカバは、話し合いの場を設ける。はじめは険悪な空気が流れたが、お互いに主張をぶつけ合い、最終的にはグループとして動くための方法について話し合うところまでたどりつくことができた。そのリーダーが分析を担い、メンバーの1人がサブにつく。残りの3人のうち2人は分析結果を文章にする役割を担い、もう1人はそれを推敲《すいこう》する。ちなみにワカバは、分析結果を文章にする役割を担当した。

キーワードは「挫折」

ワカバに大学4年間のキーワードを聞くと、「挫折」だと答えた。留学も思ったようにいかなかった。友人を作ることすら、ままならなかった。「留学していた時期は、もう暗黒期で、こんなにすべてがうまくいかないという経験ははじめてでした」。

また、専門の勉強についても、同じように、挫折をキーワードに語れるという。「会計の授業とか、大規模授業は、まだよかったんです。でも、ゼミ。ほかの勉強だったら、1~2回テキストを読めば理解できるし、覚えるんだけど、計量経済学はそうはいかなかった。何度読んでも頭に入ってこないし、何をいっているのかわからない。何十回みても忘れちゃう。なんでこんなにできないんだろうって思っていました」。

ワカバは、「もっと論文を読めばよかった」ともいう。これまで何本の論文を読んだのかを尋ねると、「ゼミの課題関係で、3年生以降、100弱は読んでいると思います」。かなりの数のようにみえるが、発言の真意は「論文の読み方がわからないまま読んでいた」ところにあるようだ。「読み方が下手だったんだと思います。読んでも腑《ふ》に落ちないというか、わからないというか、そんなことばかりでした」。

しかし、こうした挫折も含めて、ワカバは大学4年間に満足している。どこかで足をくじいたほうがいいと思っていた。そもそも困難を課したのは自分自身だ。心残りもあるが、それなりにいい経験をしたと考えている。

卒業を間近に控えたいま、何をしているのかと聞くと、歴史を学んでいると答えた。とにかく頭を働かせてないと気が済まないワカバ。ビジネスとは違う分野の学びを楽しんでいるようだった。

◆メイの4年間

4人目は、メイです。メイがなにより大事にしているのは、人との出会い。出会いこそが自分を成長させるものだと考えています。一年の浪人を経てE大学に進学したメイが、誰と出会い、出会いによってどのような行動を起こしたのか。そして、結果として何を考えたのか。その軌跡をたどっていきましょう。

＊　＊　＊

軽い気持ちで訪れたオープンキャンパスが運命を決める

メイは東北地方出身。地域では二番手の進学校である高校に通っていた。小学校はすでに閉校した小さな学校で、1〜6年全員で活動することが多かった。そのなかでメイが夢中になったのは、ソフトボールである。中学に進学したとき、迷わずソフトボール部に入った。高校進学後も、中学時代の部活の先輩に誘われるままにソフトボール部に入った。中学の部活も、高校の部活も厳しかったが、充実していた。

ソフトボール漬けだったメイだが、高校2年生の夏にはE大学受験を決めていた。最初からE大学を目指していたわけではなかった。ひとり暮らしをしたいから東京に行きたいとは思っていた。ただ、周りの友人と進路について話すこともなかったし、高校の教員はただただ東北の国公立大学を勧めてくるだけ。「まずは自分の目で確かめてみるか」。高校2年生の春にそのように考え、夏休みを利用して、東京にある大学のオープンキャンパスに参加した。学力的に手が届きやすい大学のオープンキャンパスを中心にプランをたてたところ、母親が「せっかくだから、E大学のオープンキャンパスものぞいてみたら?」といってきた。あまり深く考えず、「じゃあ、そうしようかな」という気分で参加した。結果、圧倒されたという。「行ってみたらすごく楽しくて。雰囲気に惹《ひ》かれてしまって」。これが大学だ。そこからE大学一直線になった。当時、メイが夢中になってみていた連続ドラマの主人公が、E大学卒の設定であることも後押ししたようだ。

英語を活かす方向での進路を模索

E大学を志望校にすることは決めたものの、学部を絞ることは難しかった。というより、あまり考えていなかったそうだ。「E大学でいろんな人たちと出会いたい」「何を学びたいとかではなかった。正直、あまりこだわっていませんでした」。

ただ、自分の強みである英語を活かす学びをしたい、ということは考えていた。

3歳のころから通い続けた英会話学校。中2のときには英検準2級にも合格した。その合格を知った英語担当の教師からは「このままいけばすごく成長しますよ」と励ましの言葉をもらった。さらにメイは、自らの英語力で、自治体の海外派遣プログラムに選抜されるということも勝ち取っていた。「数週間カナダに行くことができて、ホームステイもして、異文化体験もして……。自分は国際的な舞台で働きたいなって思うきっかけになった体験でした」。さらに小学校、中学校にゲストスピーカーとして来校したJICA（国際協力機構）や青年海外協力隊に参加した人の話を聞くといった体験も、メイにとっては大きな刺激になっていたようだ。

英語以外の教科が足を引っ張ることになり、現役で進学することは叶《かな》わなかったが、一浪の末、メイは社会科学系を幅広く学ぶことができるS学部に合格。晴れてE大学への進学が決まった。

キツかった1年生の春

大学受験に合格することがまさに目標だった。目標を達成したのち、メイは実家でゆったりした時間を過ごす。そしてあまりにもゆったりしすぎて、新入生対象のオリエンテーションに参加することを忘れてしまったという。「単位の取り方とか、説明されていたはずなんですけど、そういうのもわからないまま登録することになってしまって……」。多く登録しておけば大丈夫かなと判断し、「マックス入れましたね。1限目から5限目まで、びっしりと。20コマ以上登録して」。

まったく情報がなかったというわけではない。調べれば「この先生の授業は楽単だ」という情報は見つけることができる。けれども、「何コマぐらいにしておけばいい」という情報は見当たらず、とりあえず、詰めるだけ詰めるという行動に出たという。

はじまった新学期はかなりキツかった。時間的にキツイというのが一番だが、授業のつまらなさがキツさに輪をかけた。「浪人のときに通っていた予備校の先生は、話がうまくて、授業が楽しくて。そのイメージで大学の授業を受けはじめたら、すごいつまんないと思ってしまって」「偏差値の高い大学は教育もすごいんだろうと思い込んでいたところがあったんだと思います。で、現実を目の当たりにして、学ぶことに対して、受け身な姿勢になっちゃったんですよね」。

キーワードでその変化を追うと、入学当初は「フレッシュ」。それが授業3回目になると「怠惰」になった。授業を聞かずに、スマホをいじる時間が一気に増えたという。唯一楽しいと思ったのは、世界の宗教を扱った授業だ。「もっと知りたいし、学んでいても、話を聞いていても苦じゃない」「レポートではなく、映画を観てきなさいという課題も新鮮だった」「授業の最後に取り組んだグループでの発表（5分）も印象に残っている」「ヒンズー教のジェンダー問題について、インターネットで情報を集めてまとめた」「先生からはスライドのまとめ方がうまいと褒めてもらいました」。ただ、その授業が、メイの学び方に影響を与えたわけでもないことを付記する必要があろう。

国際平和構築ゼミ

メイが所属するS学部では、1年の冬にゼミを選ばなくてはいけない。ゼミ調べをしているなか、N教授のゼミが国際平和構築を扱っていることを知る。すでに述べたように、メイは自分の英語力を活かしたいと考えていた。小・中学生のときに、JICAや青年海外協力隊の話に刺激を受けた。「ああ、ここでなら、楽しく学べるかもしれない」。人気のあるゼミだ。メイの成績はよいほうではなく、賭けのような気持ちで希望を出した。登録される学生は15人。蓋を開けてみると、無事、メイも登録されていた。「ゼミ選抜ではN教授による面接があったんですけど、とにかく熱い気持ちをぶつけました。それが良かったのかもしれません」。

ゼミの開始を機にメイの生活は大きく変わりはじめる。ゼミではまず、国際平和構築関連の学術書を何冊か輪読した。どれもかなり分厚いもので、なかには洋書もあった。同期のゼミ生のなかには苦労していた者もいたが、メイ自身にとって、本を読むことはさほど苦痛ではなかったそうだ。いや、むしろメイはこの時期から積極的に学術書を手に取るようになる。「N先生の本は、ゼミに所属してしばらくのうちに、ほとんど読みました」「ゼミの紹介文を読んで「もうここだ！」と思ったので。だから、（本を読み進めるのは）結構楽しかったですね」。できることは全部したかったとメイは述懐する。

N教授のゼミは、2年次に文献を読み、3年次と4年次ではディスカッションというスタイルをとっている。ディスカッションの最中、N教授は見守り役に徹しており、タイミングをみながら「いままでの援助の仕方は西洋のスタイルをあてはめているということに注意しよう」という助言をしてくるという。西洋風の幸せをあてはめてよいのか。援助の仕方は多様であるはずだ。助言にバラエティがあるわけではないが、メイにとっては大事な一言になっていた。議論をしていると、思わず自分の主張の正しさを説得することに意識がいってしまう。しかも、自分はとかく先進国のあり方を押し付ける癖がある。その癖はなかなか抜けず、N教授が指摘するたびに、「あ、そうだった」と反省することが常だった。「いろんな考え方があるということを、N教授のゼミで知ることができました」とメイは振り返る。

それほど大きな存在であるN教授とどれほど個人的に話したことがあるのだろうか。メイに頻度を尋ねると、ほとんどないと答える。「実はちゃんとしゃべったことがないんですよ。N教授、本当に忙しくて。お願いするのも悪いかなっていう気持ちがありました。卒業までそんなに時間は残っていないんですけど、どこかで少しお話しできたらいいなとは思っています」。少し残念そうな表情でメイは答えた。

多くの出会いのなかで知ったこと

メイは4年間、スキーサークルに所属していた。東北育ちだが、スキーと縁がなく、大学進学を機にはじめてみたいと思ったそうだ。このスキーサークルに関して、2つ補足をしておこう。

1つめ。スキーサークルは、合宿やウェア代など、それなりにお金がかかる。サークルメンバーはみな資金稼ぎのためのアルバイトに勤《いそ》しんでいるが、メイが選んだのは、ドーナツ店をゼロから作り上げるというものだった。時給こそ高くなかったものの、文化祭のような空気が漂う楽しい職場であり、なにより勉強になった。メイは「学生のうちに事業立ち上げに携われたことはよかったなって」と笑顔で語る。

2つめ。ゼミでいろんな考え方があることを学んだメイだが、サークルのメンバーからも、さまざまな考え方があることを学んだ。「サークルには、楽しさだけを求める人、自分軸で動いている人が結構多くて。自分と真逆のタイプの人たちで、そういう考え方もあるということは、学びだったし、一緒にいて新鮮だった」という。

出会いによって、新しい価値観・考え方に触れることができた。「自分自身が同じようになる必要性はないけれど、この場面では自分軸を出してみようかな、という選択肢を考えるようになった」。刺激になったし、自分を客観視し、自分のことを知る機会にもなったと捉えている。スキーサークルへの参加が、メイの興味や視野を広げた点は注目しておきたい。

最後に、E大学の授業のことを振り返ってもらうと、少人数クラスが少なかったことを残念な点として挙げた。比率でいえば、大規模授業：少人数授業＝9：1。ただ、こ

うした環境のなかでできることはすべてやりきったとメイは言い切る。

メイは、いずれ海外の大学院に進学することを見据えている。発展途上国の援助につながる国際的な資格を取ろうと考えているのだ。国際栄養士の資格などを視野に入れているという。「自分が成長しているかんじとか、やりたいことをどんどん達成していくかんじが好きだし、もともと人と触れ合うのが好きだったので、結構アクティブに動いていたし、今後もそうありたいなと思っています」。メイにとっての4年間は、次のステップに続く土台としての意味を十分に持ち得るものだったのだろう。

◆カズヨシの4年間

大学受験の結果で、周りのみんなをあっといわせたい。序列はそのための大事な指標。E大学にはそのような動機や考えで入学してくる学生が少なくありません。

カズヨシは、まさにそうしたタイプでした。しかしながら大学進学以降、考え方が変化していきます。何がカズヨシを変えたのでしょうか。その語りをたどっていきましょう。

＊　＊　＊

サッカーの夢を諦め、受験勉強へ

カズヨシは小学生のときからサッカー一色の生活を送っていた。高校に進学してからもそれは変わらない。全国大会出場を現実的な目標に、日々部活動に励む。これが、まさにカズヨシの毎日だった。

しかし、高校3年生の夏に負った怪我で、突如、カズヨシはその目標を追えなくなってしまう。日常生活に支障はないものの、サッカーに打ち込む生活は難しいというのが医師の判断だった。悔しさと同時にカズヨシを襲ったのは、急にできた「暇な時間」だ。これまですべてをサッカーにつぎ込んできた。サッカーの練習に充てていた時間が、すべて自由になったのだ。そのときの気持ちを、カズヨシは「怖かった」と表現する。

実はカズヨシは、全国大会出場だけでなくて、プロになることも考えるくらい、サッカーに入れ込んでいた。それだけサッカーに賭けていた。「残ったものが何もなかった。

すごく悔しいっていうか。とにかくサッカーに熱中していたんで、そこにすごく危機感をかんじて、何でもいいから熱中できるものがほしいっていう、夢を諦めた罪の意識っていうか、それを消したいと思って」。

カズヨシは、ある大学の附属校に通っていた。偏差値でいえば中堅クラスといったところだ。受験をしなくても、その大学への進学は保障されていた。そうしたなか、カズヨシは、次の目標を大学受験に据える。みんなから驚かれるような大学に行こう。両親に自分の気持ちを伝え、それからは「呼吸をしている間はずっと勉強」といえるほど受験準備に没頭したという。塾に通い、瞬く間に成績を伸ばした。「これだったら、（E大学を）ちょっと狙ってもいいんじゃない？」と塾の先生にいわれた。高校の先生も背中を押してくれ、E大学を目指すことにした。

受験シーズンに突入し、カズヨシは、塾の先生が組んでくれたままE大学の複数の学部を受けた。「今日はこの学部の受験か。じゃあ、教科はこれとこれだな」という受験だったそうだ。その戦略と、そしてなによりカズヨシ自身の努力が実り、現役合格。卒業式の日、久しぶりに会った同級生からは、口々に「すごいな！」「やったな！」といわれた。頑張ってよかった。胸に熱いものが込み上げてきた。

1年生からはじめた就活

E大学に合格することを目標に、ただ頑張ってきた。晴れて大学生になったカズヨシだが、4月、5月、6月と時間が進むにつれ、コンプレックスを抱くようになる。

カズヨシの場合、半年間の突貫工事的な受験勉強で勝ち取った合格だった。合格ラインは超えた。けれども、基礎学力が定着していたかといえば、心許ないところもある。また、カズヨシは偏差値で受験する学部学科を選んだ。つまり、E大学のなかでも難易度の低めの学部学科だということである。E大学のなかでの序列のようなものも徐々にみえはじめ、結果として進学したT学部所属であることに劣等感が芽生えた。

もともと負けん気の強いカズヨシである。一瞬落ち込んだが、次の手を考えた。1年生のこの段階で「就活」をする。いまから企業調べや交流会参加をはじめれば、羨まれるような就職ができるはずだ。もともと学部の専門領域に関心があったわけでもなかった。授業に出席せず、WEBで検索し、「3年生向け」「4年生対象」と書かれている就活関係のイベントに足を運んだ。

どのイベントも1年生はカズヨシのみ。「1年生なのに参加しているの？」と驚かれはしたが、参加が断れることはなかったそうだ。「ほかの1年生は、何をしているんだろうと疑問に思いましたね」と当時を振り返る。

この「早すぎる」就活は、4年生で内定を獲得するまで続いた。一度やると決めたことは続けるタイプなのだという。ただ、この就活は、別の側面でもカズヨシに影響を与えていた。就活を通して、他学部の先輩に知り合いが増えた。イベントでさまざまな学部の先輩と意見を交わした。そしてその先輩たちの就活の行方を間近で見守った。こうした経験を通して、カズヨシは、学部の序列は気にしなくていいと確信するに至る。「縁があった学部で頑張ればいい」。大学でどれだけ成長するか。1年生の終わりには、それこそが大事だと思うようになっていた。

O先生からの洗礼

どうしたら、残りの学生生活で成長することができるだろうか。カズヨシはまず、自分を見直す機会を作ろうと思った。短期留学をしようか、インターンシップに参加しようか。そのようなときに、学部でできた友人から、東南アジアのフィールドワークに一緒に参加しないかと誘われた。E大学が課外活動として提供しているものだが、E大学の専任教員（O先生）がアレンジし、事前準備、現地での活動をリードするという点で、授業にも匹敵する、あるいは授業以上の体験が用意されたものである。2週間のフィールドワークを2回行うセット。カズヨシは軽い気持ちで参加することにした。

ただ、このフィールドワークの厳しさは、カズヨシの想像をはるかに超えていた。なにより担当教員だったO先生が強烈だった。東南アジアのフィールドワークでは、朝から夕方まで支援活動をしながら現地を観察し、夜になるとその日にやったこと、みたこと、考えたことを報告、議論した。この報告会はかなり厳しいもので、O先生からは「何が問題なのか？」「なぜそれが問題なのか？」「本当にそれが問題なのか？」「あなたの報告はこのように言い換えられるが、それでいいのか？」という質問が浴びせられた。O先生は、言葉を大事にする。日によっては、4時間も議論が続くということがあったそうだ。このような時間が2週間続く。訪れたのは、インターネットも通じないところ。

すべてを自分の頭で考えるしかない。頭が沸騰しそうな時間であり、カズヨシはこれを「洗礼」と呼んだ。

1回目のフィールドワークを終えたとき、「もう懲り懲りだ」と思った。しかし、帰国後しばらくして、自ずと2回目のフィールドワークに向けた準備をはじめたという。具体的には、語学力の向上とマーケティングの勉強をした。1回目のフィールドワークでは、現地の人とのコミュニケーションが思うとおりできなかった。自分の語学力ゆえの後悔はしたくない。受験のとき以上に英語の勉強に励んだ。マーケティングの勉強は、相手が求める支援について考える軸がなければ、昼間の活動も夜の議論も中途半端になると判断し、はじめることにした。

結果、2回目の参加は、1回目のときとまったく違うものになった。1回目はただつらかった。周りのメンバーと「エアコンがない」「インスタ（Instagram）もみられない」と不満ばかり共有していた。それが2回目は、あるものに目を向けて、感謝し、相手が何を求めており、自分の役割が何なのかを徹底して考えるという余裕のある取り組みとなった。朝から夕方まではチームで動くが、自然とリーダー的な役割も担えた。雰囲気が悪くなると「ちゃんと言葉で意思疎通しようよ」ともちかけた。カズヨシはO先生の影響を受けていることを実感した。

ゼミより友人との読書会

2年生で参加したO先生によるフィールドワークは、その後のカズヨシにどのような影響を与えたのだろうか。T学部では、2年生の冬に所属ゼミを選ぶ。1回目のフィールドワークを終え、英語とマーケティングの勉強をはじめていた時期だ。議論を重視するゼミを選んだのか。フィールドワークを課すゼミを選んだのか。カズヨシの答えは意外なものだった。「問題なく卒業できるゼミを選びました。卒業論文がきちんとかけるかどうか不安だったんですけど、先輩たちが留年することなく卒業しているゼミだったらって」。「ある程度真面目な人たちがいて、自分の活動のペースがくずれないところ」にしたという。カズヨシは奨学金を借りており、親には自分で返す約束をしていた。4年間で卒業し、すぐに働かないと、状況がきつくなると考えていたのだ。

3年生になってゼミがはじまると、そのゼミは「ゆるい」から、皆卒業していくということがわかった。ゼミの内容自体に期待していたわけではなかったので、「そうだったんだ」と思うにとどまったが、ゼミの方針がそうであれば、勉強は自分でやろうと考えた。

O先生のフィールドワークのあとからマーケティングの本を読みはじめていたが、3年生になってからはさらに勢いをつけて読むようになった。「最近は、行動経済学の本を読んでいましたが、どちらかというと、コンサルタントが書いたビジネス書を手に取っていましたね」。1年半で150冊ほど読破。機会を見つけて、友人との読書会もやった。本を読んだ感想や気づきを共有するのは楽しかった。

自分を探すことができた

卒業間近のカズヨシのなかにあるのは、「働くのは自分の実現したい社会を築くため」という強い思いだ。カズヨシはいまのところ、世界の誰もが何かひとつでいいから楽しみをもって生きていける社会を作りたいと考えている。そして、そうした社会をつくるために必要なのは、「まず、自分の役割を考える思考法」だという。その場になぜ、

自分がいるのか。相手が何を求めていて、それに対して自分は何ができるのかという視点を常に意識していきたい。カズヨシは語気を強める。

カズヨシ自身、4年間で自分は変わったと捉えている。高校時代はとにかくサッカーと受験勉強に明け暮れた。何のために大学に行くのかなんて考えたこともなかった。熱中できるものがほしかっただけだ。それを学歴に求めた。大学に入学してしばらくは、偏差値による序列に悩まされた。コンプレックスを解消することが自分にとって最大の課題だった。カズヨシの価値基準の変化には驚くものがある。

「東南アジアのフィールドワークがあったからなのか、本から学んだのか、友人の影響なのかはわからない。きっとすべてが混ざり合って、ただ学歴をつければいいと考えていた「自分」を変えてくれた」と考えている。カズヨシは大学4年間を表現するキーワードとして選んだのは「自分探し」。4年間を通して、自分を探すことができたということなのだろう。

インタビュー調査の最後に、高校時代の学びと大学時代の学びはどう違うかと質問をしてみた。カズヨシの答えは次のようなものだった――「高校時代の学びは、「やりきる」ことが重要。設定された課題をこなす力を蓄えることが大事かな。大学時代の学びは、「目的を設定する力をつける」ためのもの。社会に出てから迷うこともありますよね。でも、そのときに自分で目的を設定できる力をもっていれば、乗り越えられると思うんです」。

◆リョウヘイの4年間

Ｅ大学に指定校推薦入試・ＡＯ入試（現「学校推薦型選抜」・「総合型選抜」）で進学する学生はおよそ４割を占めます。リョウヘイも指定校推薦でＥ大学に進学しました。たまたまもらった縁、しかもさほど積極的ではなかった縁での進学だったようですが、リョウヘイはどのようなキャンパスライフを送ったのでしょうか。これが紹介する最後の物語です。

＊　＊　＊

地方から指定校推薦で進学

中国地方の県立高校に通っていたリョウヘイ。もともと理系で、仲が良かった友人たちと過ごした生物部が楽しかったということもあり、1~2年生の時は「地元の国立大学、理学部に進学しよう」と考えていた。リョウヘイの通っていた高校の生徒は、4分の1が、その地元国立大学を目指していたという。「その大学は圧倒的に強くて」「長いものに巻かれたというか……」とリョウヘイは振り返る。

ところが、高校3年生のとき、リョウヘイは大きな方向転換を試みる。文転したのだ。「理学部に進んだ後の人生をいろいろ考えてみると、これじゃない、と。研究者になりたいわけでもなかったし、じゃあ、ほかに行きたい理系の学部があるかといえば、そういうわけでもない。だったら、とりあえず文系に行こうと思いました」。ここで担任の先生が、法学系になるけれども、E大学Q学部の指定校推薦枠が1枠あるから考えてみないか、と声をかけてきた。Q学部で何が学べるのかよくわからなかったため、最初は断ったが、すぐに考え直したという。「文転したものの、行きたい学部もなく、E大学であれば有名だし、法学系ならつぶしもきくか、と思うようになって」。リョウヘイの両親も、落ちないならと賛成してくれた。

指定校枠がE大学のほかの学部からのものだったら受けたか？と尋ねたところ、リョウヘイは「受けたと思います。Q学部というものにとくにこだわりはなかったんで」と即答した。

やる気が起きなかった高校3年生の冬

指定校推薦での進学が決定したのが、高校3年の12月。残りの数か月、リョウヘイが学業面でやらなければならないことは大きく2つあった。

1つは、1月中旬の大学入試センター試験（現「大学入学共通テスト」）を受験することである。センター試験を受けたのは、高校の先生からそのようにいわれたからだという。リョウヘイの高校から指定校推薦で進学が決まったのは、400人中、リョウヘイを含めてわずか4人。ある日、先生たちにその4人が呼び出され、次のようにいわれた。

「あなたたちはもう進学が決まっているけど、周りはみんな受験勉強をしているから。ちゃんと周りへの配慮を忘れず、残りの高校生活もしっかり勉強するように。センター試験も受けなさい」。

肩身の狭い時間を過ごし、センター試験当日も、「なぜ自分はここにいるんだろう」と思いながら問題を解いた。高3夏の模試より低い点数をたたき出したが、だからといって、誰からも何もいわれなかった。

リョウヘイがやらなければならなかったことのもう1つは、Q学部から課された入学前課題である。課題図書をもとにした小論文に取り組む必要があったが、課題図書として設定された法学系の文献のことを「全く読む気が起きなかった」という。「弁護士とか、法曹になるつもりはみじんもなかったし、読んでいてもつまらなくて、なんとか課題を出したってかんじでした」。

仲の良い友人たちは、受験勉強。リョウヘイはひとり、だらだらと時間が過ぎるのを待つという状況だった。

友人作りに注力した1年の春

高校3年生も終わるという頃、リョウヘイはE大学進学にあたってどこに住むかということを考えはじめる。親元を離れての生活。リョウヘイは学寮に住むことを選んだ。「寮費もそれなりに高くて。だからお金の問題というより、友だちがほしいということのほうが大きかったですね」「料理も得意じゃないし、正直、あまり作りたくない。だったら、食堂がある寮のほうがいいし、お風呂やトイレの共用も気にしないタイプだし……。それに友だちがほしかったし」。リョウヘイは「友人作り」を強調する。

それはそうだろう、同級生たちがみな地元に残るなか、ひとり上京するのだ。とにかくはやく新しい友人がほしいと考えるのも無理からぬことだ。

そしてリョウヘイは、友人作りに勤しむ春を過ごすことになる。というより、与えられる環境を活用して、自然と多くの友だちができたといったほうが正しいだろうか。

E大学Q学部には2桁の「法律サークル」というものがあり、多くの新入生はそのどれかに所属するという。試験対策、法律関係のイベント、レジャーなど、どれに力を入れるかは、サークル次第。リョウヘイも、雰囲気で一番大きいサークルと、中くらいの規模のサークルの2つに入ったという。まず、そこで友だちができた。

また、新入生にとって大事なのは語学の授業。週に4回語学の授業があり、基本的に少人数であるため、すぐに仲良くなる。「自分はドイツ語をとったんですが、すぐにみんなと仲良くなりましたね。専門の大規模教室授業も同じメンバーで受講するとか、一緒にご飯に行くとか」。

学寮でも友だちはたくさんできた。とくに隣の部屋の学生と打ち解け、毎日、朝食は一緒にとっていたそうだ。

学びにエンジンがかかった1年秋――国際法模擬裁判大会への出場準備

入学してしばらくのあいだ、リョウヘイが学業に面白みを見出すことはなかった。法学に興味がもてないまま、指定校推薦で進学したのだ。当然といえるかもしれない。

リョウヘイに変化が訪れたのは、1年生の秋だった。リョウヘイが所属していた法律サークルは、上述のように2つ。うち1つは、国際法模擬裁判大会への出場をメインの活動内容に据えるものだった。その大会に向けた準備が、1年生の秋にはじまったのである。

ここで、リョウヘイが参加した国際法模擬裁判大会について少し補足しておこう。正式名称は、ジェサップ国際法模擬裁判大会（Philip C. Jessup International Law Moot Court Competition）。その日本大会（Jessup International Law Moot Court Competition Japan National Round）を運営するＪＩＬＳＡ（Japan International Law Students Association）のウェブサイトによれば、国際司法裁判所判事の名を冠し１９６０年にアメリカではじまった、世界で最大の国際法模擬裁判大会であり、現在では世界80か国の５００を超えるロースクール、大学から学生が参加しているものだ。その内容は、架空の国家間の紛争を題材に、学生が原告・被告の代理人として法議論を戦わせるゲーム。ジェサップでは国連の主要な司法機関である国際司法裁判所（ＩＣＪ）を舞台に、ＩＣＪでの裁判実務に則り、学生は申述書（メモリアル）と口頭弁論の２つの局面で得点を競うという。

公式戦では、国際法学者や外務省の職員、元法曹の人がジャッジするという本格的なものだが、その大会への出場をかけ、また大会で勝ち抜くために、データを集め、判例を読み、論文を読み、戦略を練り、ということを繰り返す。かなりの重労働となるため、やめる1年生も少なくないそうだが、リョウヘイは「なんとなく巻き込まれて、巻き込まれていくうちにハマった」と述懐する。

キーワードとしての「国際」

ゲームとしての面白さもハマった要因のひとつなのだろう。ただ、リョウヘイの場合、「国際」法の大会だということも、大きな要因のひとつだったようだ。リョウヘイ自身、国際系だということはポイントだったと振り返る。「自分は高校卒業まで海外に行ったことがなかったんですよ。だから、憧れみたいなものがありました」。

ここで、大学入学前のリョウヘイを思い出してほしい。センター試験に対してやる気が起きない。Q学部から出された入学前課題を面白いと思えない。しかし、実は入学前、リョウヘイが精力的に進めていたことがひとつだけある。国際ボランティアを展開しているNPOの情報を集め、大学入学以降、自分が関わりたいと思うところを精査していたのだ。

実際、リョウヘイは入学早々、目星をつけていたNPOを訪れる。そして、1年の夏休みから、国際ボランティア活動を開始。つまり、国際法模擬裁判大会の準備がはじまる前に、こうした活動に着手していたということだ。その後、リョウヘイは、アフリカやアジアを中心に十数か国でボランティア活動をしている。「農業や建築系など、いろんな活動から選ぶことができるのですが、自分は子どもの世話、教育関係のものを。泊まるところも現地の家のことが多かったです。ゴキブリやネズミもいましたし、トイレも自分で流すし、シャワーもないし、現地の生活に溶け込むかんじで。交通手段が見つからず、ヒッチハイクをしたこともあります。別に苦じゃなかったです。そういうのは平気なんで」。

ただ、この活動についても、リョウヘイは「流された」と表現する。「海外は一回行ってみたいな、行くなら旅行とかじゃなくて、それなりの学びになるようなもので、と思って、国際ボランティアに。自分でもまさかこんなに何回も行くとは思っていなかったです。そこのNPOに関わっている人たちが、繰り返し参加しているかんじで、話を聞いていると面白いんですよね。コミュニティに流されたかんじで、自分も」。

ただ、流されたというわりには、開発途上国の子どもに関連するボランティアを選んで参加していたという傾向も見出される。理由を尋ねたところ、次のような答えが返ってきた。「子どもが好きだというのもありますが、大学に入ってから教育格差があることに気がついたということがあると思います。E大学には、小さいころから塾に、私立に、という人が多い。カルチャーショックのような……」。その格差の是正に何ができるかという問いが、リョウヘイのなかにはあるという。

大学教員に学ぶ

「流された」「巻き込まれた」「いつのまにかハマった」。他方でリョウヘイのなかに存在している「国際系」や「子ども」という軸。この軸は、徐々にリョウヘイを授業へ、学業へと突き動かすこととなる。

リョウヘイは具体的に2つの行動を自ら起こした。

第一は、国際法を専門とするP教授から学べることはすべて学ぼうとしたこと。具体的には、すでに履修したP教授の授業を改めて聴講する、個人的にP教授に話を聞きに行く、登録したゼミはほかにあるものの、P教授のゼミにも潜らせてもらい（正規登録していないものの、参加させてもらい）、P教授の指導を毎週受けるなかでのグループワ

Book

ークに取り組む、P教授の研究の手伝いを買って出る、P教授が企画するイベントに参加するという行動に出た。第二は、そのP教授から教えてもらった学生政策提言プログラムに参加したこと。そこでは教育格差問題を取り上げたいと自ら提案し、その期のテーマとして設定してもらったという。政策提言プログラムでは、他大学の教員の添削なども受けられる。ある意味、「指導教員」のような位置づけで、議論がチェックされていく。

大学1年生のとき、教員をどうみていたのかと尋ねると、リョウヘイは「うーん……」と困った顔をした。「授業をあまり聞いていなかったというか。大教室の一番後ろで、国際法模擬裁判大会のための内職をしていたので。先生の顔もあまりよく覚えていないんですよね」。わずかの時間で大学教員との距離がここまで縮まったのかという ことに、驚くばかりである。

選び取ることができるようになった

リョウヘイに、大学4年間のキーワードを聞くと、はっきりと「成長」だと答えた。

「なにか昔よりは自分で考えて選び取ることができるようになったかなと思います」。要は、流されなくなったのだ。

要因としてリョウヘイは、P教授の名前を真っ先に挙げた。「P先生は、細かい解釈ではなく、大きなアプローチでどう方針を立てるかを扱い、自分の話に対しても、「どうしてそうなるの？」「ここは矛盾していない？」「それをしたところでどうなるの？目指している方向に行けるの？」とよく聞いてくれた」。さらに国際法模擬裁判大会での経験も挙げた。そのなかでもとくに、ジャッジを担当する国際法学者や外務省の職員、元法曹からの質問が大きかったという。「すごく頭を使うもので、考えもしなかったことをどんどん指摘された」。

「社会にはさまざまな価値観があって、どれがいいというわけではない。そのようななかで何かを選び取らなければならない。何をなぜ選ぶのか。こうしたことを考える機会をもらった」。そしてリョウヘイは最後にこう強調していた。「日本の○○（政策）をどうするべきかとか、△△開発の問題をどうするべきかとか。細かいプロジェクトを一個一個どうするかじゃないんです。もっと、全体的な方針をどうするかとか、地政学的な大きい視点で考えるという……。そういう考え方が重要だということ、そして面白いということを知ることができました」。

第2章

6人の物語を整理する

アンケート調査にみる多様性①　学習意欲

第1章では、マオ、ヤスシ、ワカバ、メイ、カズヨシ、リョウヘイの6人の物語をみてきました。E大学で社会科学を学ぶ学生という点で条件を同じにした6人でしたが、物語の内容はまさに十人十色。サークルや部活動に重きを置いた語りをした学生もいれば、ゼミでの学びを強調した学生、留学、教員のことに言及した学生もいました。

ここで少し、数字データでも、学生たちの多様性を確認しておくことにしましょう。

すでに説明したとおり、本書は私たちが社会科学系の学生を対象に実施したインタビュー調査で得られた語りを用いた議論を行いますが、私たちはインタビュー調査と並行し、アンケート調査も実施していました。やはり対象は社会科学系の学生（ならびに社会科学系を卒業した1～3年目の新卒社会人）で、回答数は927。2022年11月に調査会社のモニターを活用して行いました。[4] そのデータの分析結果を紹介しておきたいと思います。

アンケート調査では、①大学受験準備、②大学1～2年生の授業、③大学3年生以降の授業の3つについて、それぞれ力を入れていたかどうかを尋ねました。これらの回答の組み合わせによって、図表2に示すような8つのタイプに分類することができます。そして各タイプに927人がどのように分布しているかを確認した結果が、図表3です。

なお、図表3では大学を3つの類型に分けています。1つめは入学難易度が高い「エリート大学」で、旧帝大や地方国立大学、早慶などの有名私大レベルの大学群を指します。2つめは「中堅大学」、3つめは日本の高等教育の裾野に位置する「ノンエリート大学」としています。マオらが通っていたE大学は「エリート大学」に該当します。ここから、3つのポイントについて指摘していきたいと思います。

第一に、タイプⅠ～タイプⅧのいずれにおいても、「エリート大学∨中堅大学∨ノンエリート大学」または「エリート大学∧中堅大学∧ノンエリート大学」という傾向が確認できます。これは、学習や授業に対する意欲に関して、入学難易度が強く影響を与えていることを示唆しています。

4　この調査は、早稲田大学教育総合研究所2023年度研究プロジェクト「「大学進学時の状況」の計測に関する探索的研究――機関タイプによる学生の違いを説明する指標の開発を中心に」（代表：濱中淳子）の一環として行ったものです。

第二に、マオらが通っていたエリート大学に注目すると、中堅大学やノンエリート大学と比較して、大学受験準備に力を入れているタイプⅠ〜Ⅳに多くの学生が分布していることがわかります。これら4つのタイプに該当するエリート大学の学生比率は、合計で全体の69・7％を占めています。

とはいえ第三に、エリート大学の学生に特に多いタイプがあるかというと、圧倒的に当てはまるタイプがないことも強調すべき点です。たとえば、ノンエリート大学との差が目立った「タイプⅠ」に該当するエリート大学の学生の比率は35・4％ですが、裏を返せば35・4％に過ぎず、3人に2人は別のタイプに分類されています。たとえば、大学受験準備までは頑張ったものの、進学後は意欲が高まらなかったタイプⅣは15・1％、すなわち6〜7人に1人という状況です。タイプⅠ以外で2割を超える比率のタイプはなく、ここに授業や学習に対する姿勢の多様性を読み取ることができます。

アンケート調査にみる多様性②　授業以外の活動

授業・学習以外の側面についてもみておきましょう。

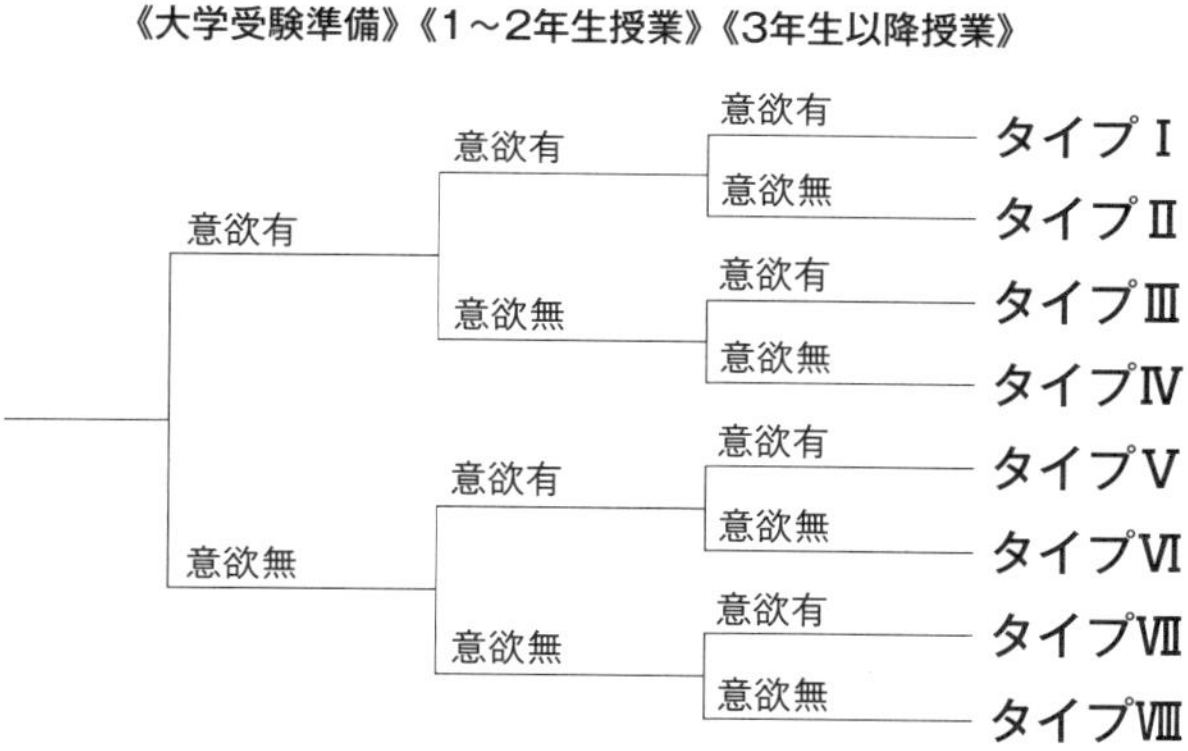

図表2　学習意欲8つのタイプ

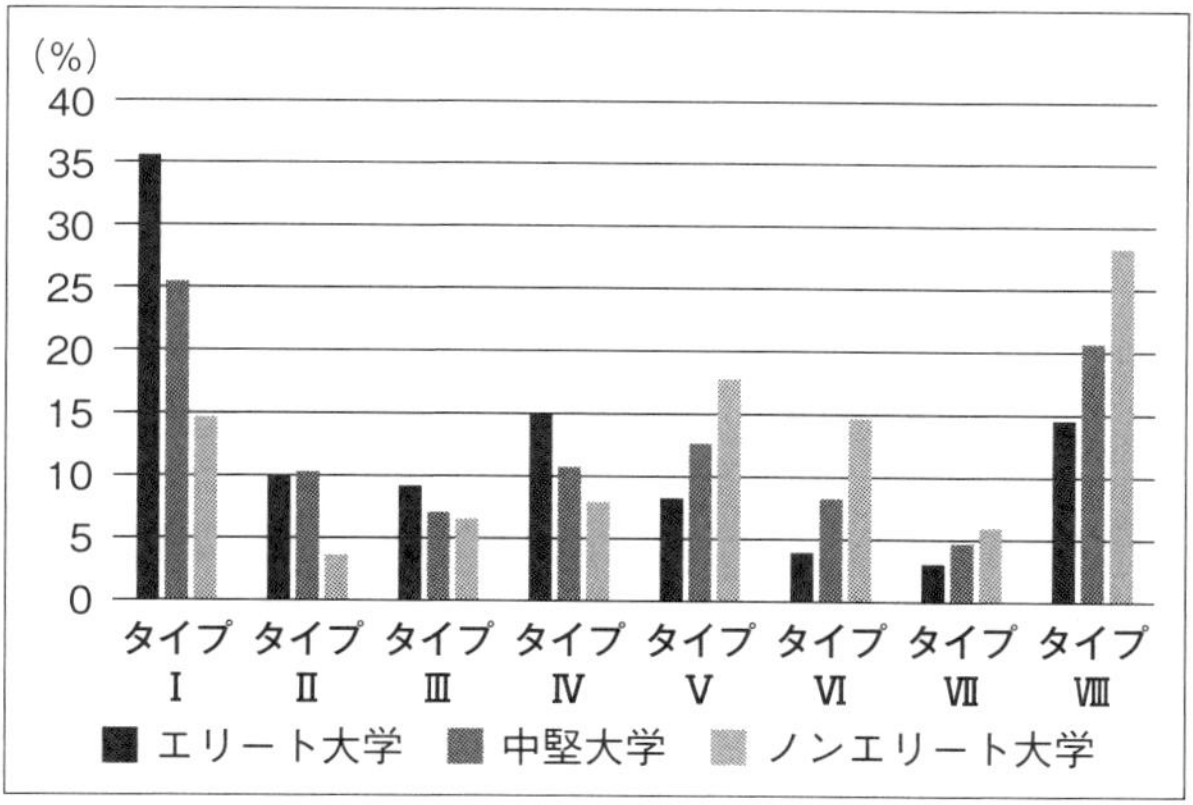

図表3　学習意欲に関する学生の分布

図表4は、サークルや部活動、アルバイトといった授業以外の活動に、社会科学系の学生がどれだけ意欲的に取り組んでいるかを示したものです。各活動について、意欲的に取り組んだ学生の比率を3つの大学類型ごとに比較しました。

ここから読み取れるのは、課外活動の状況も、授業への取り組み方同様、学生によりけりだということです。アルバイトにこそ3つの類型に共通して高い比率が認められますが、それでも7割ほどです。そしてそのほかの活動ついては、大きく値が下がります。インターンシップで3割ほど。サークルや部活動に関しては大学の類型による差があり、エリート大学では4割を超える一方、中堅大学で26・9%、ノンエリート大学では22・1%です。また、そのほかの活動ではさらに比率が減少し、意欲的に取り組まなかった学生が大多数を占めることがわかります。

「厳しい受験をクリアして合格を手にした。これからはサークルやアルバイト、さらに最近よく聞くインターンシップも頑張ろう」――このような意欲をもつ学生が少なくないと考える方もいるかもしれません。しかしながら「サークルや部活動」「アルバイト」「インターンシップ」の3ついずれも意欲的だった学生の比率を算出すると、わず

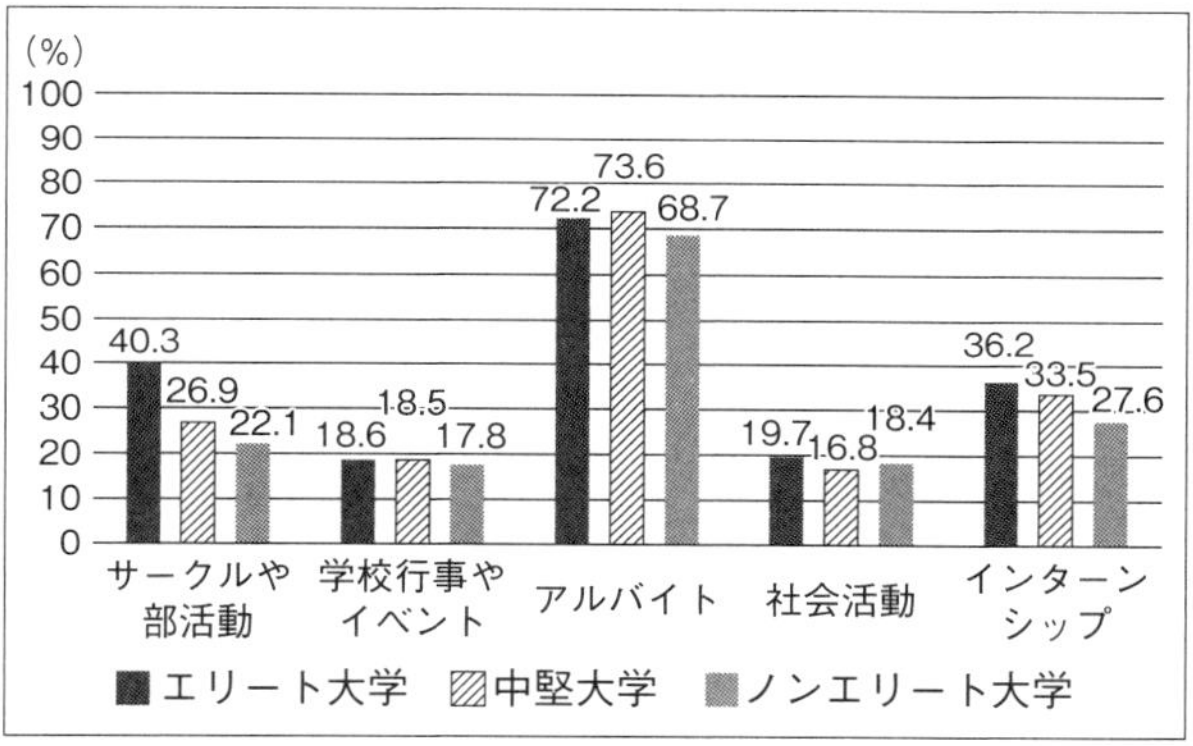

図表4　授業以外の活動への意欲に関する学生の分布

か11・2％という結果になります（図表5）。エリート大学の比率は若干高いですが、それでも14・9％。中堅大学は9・4％、ノンエリート大学は7・4％です。「さまざまな経験のなかで成長する」というストーリーを一律に描くことはできなさそうです。

どう選び、どう向き合うのか

詰まるところ、いまの大学生の活動状況は、授業への取り組みも課外活動も多様であり、そこに標準的な過ごし方というものを設定することができません。このことは、たとえ「大学時代の過ごし方」と題して活動別にアドバイスを行っても、あまり意味をもたないことを示しています。

巷《ちまた》には「学生時代のサークル活動は○○力を向上させるよ」「アルバイト経験は、△力の獲得につながるよ」「インターンシップを通じて◇◇を学ぶことができるよ」といった助言が多くみられます。私たち大学教育を研究する者のあいだでも、大学時代にどのような活動に意欲的に取り組むことが、どのようなキャリアに結びつくのかといった分析が行われています。実際、私自身もそのような視点を含めた分析に取り組んでい

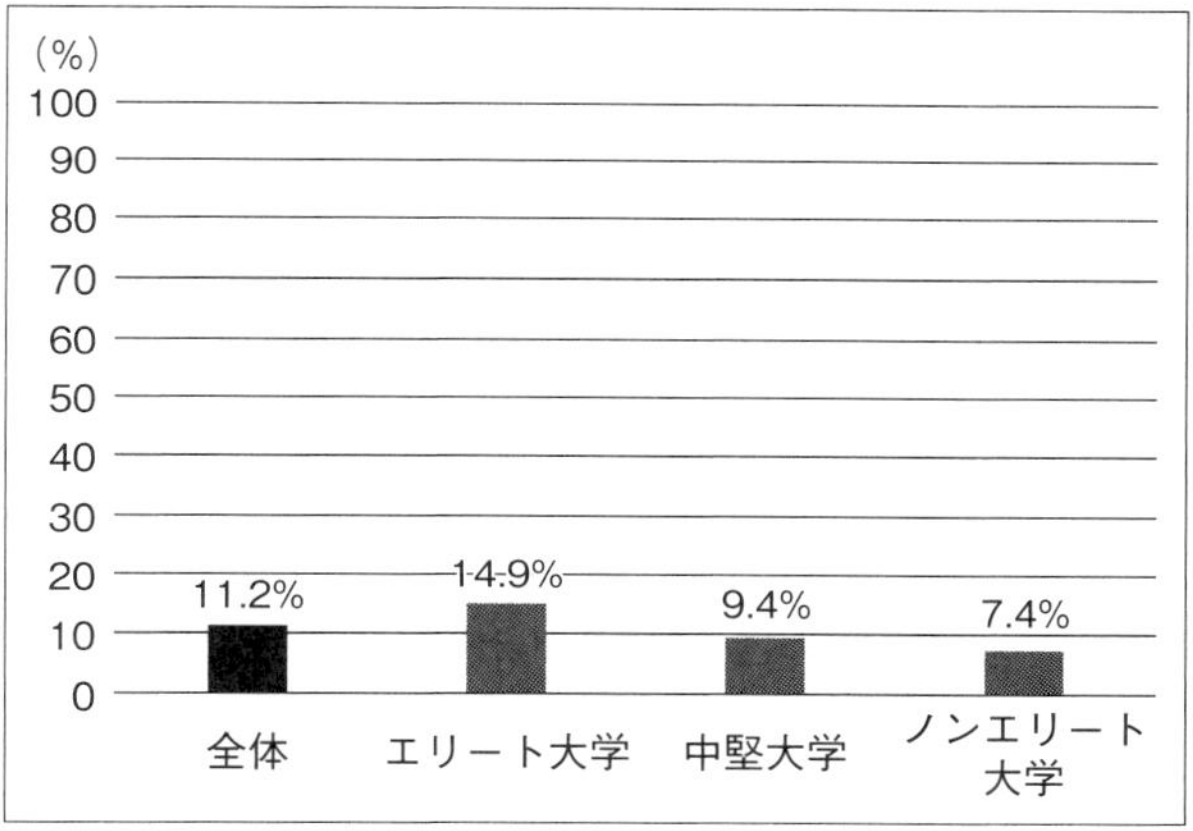

図表5　サークル部活動・アルバイト・インターンシップのすべてに意欲的だった学生

たことがあります（濱中淳子『「超」進学校　開成・灘《なだ》の卒業生――その教育は仕事に活きるか』ちくま新書、2016年など）。けれども、入学以降、どのような活動に携わるかは、あまりに人それぞれなのです。

なんらかの事情で希望したとおりの活動ができない場合もあります。大学ではスポーツサークルに打ち込んでみたい。ボランティアをはじめてみたい。留学をしてみたい。しかし、家族や経済的な事情、ケガ、人間関係の問題などによって、計画通りに進まないこともあるでしょう。加えて実態として取り組んでいる活動はバラバラ。そう考えると、活動別のアドバイスには限界があり、ほぼ無力と捉えたほうがよいのかもしれません。

なにより、同じ活動であっても内実はさまざまです。スポーツも、個人競技なのか、チーム競技なのかによって経験の意味は異なってくるでしょう。アルバイトも、塾講師とファーストフードの店員は大きく異なります。インターンシップでの経験も、結局は受け入れ先の組織の対応次第です。

内実がさまざまだということは、大学での学習、授業についても同じことがいえます。

各学部は、その学問領域の習得に適したカリキュラムを用意しています。つまり、どの学部に進学するかによって経験する授業は異なるわけです。大規模教室の授業と少人数の授業がどれほどの比率なのか。実験や演習にどれぐらいの比重を置いているか。グループ作業はどれほどか。必修授業と選択授業の比率も違います。やはり一様に大学の授業への臨み方を説くことは、ほぼ不可能です。

さて、いまさらではありますが、ここで本書のタイトルに触れておきたいと思います。『大学でどう学ぶか』――大学での学び方を説くのであれば、『大学で何を学ぶか』というタイトルにすることも考えられます。しかし、本書はあえて「どう学ぶか」という表現にこだわりました。それは、前述のとおり、大学生たちが取り組む活動も学ぶ内容もきわめて多様であり、「何」で論じるのは困難だと判断したためです。

同時に、「何」では論じられなくても、「どのようなスタンスで活動を選び、向き合えばよいか」という切り口であれば、ある程度の指針がみえてくると確信したことも大きな理由です。そしてここがとくに強調したい点ですが、第1章で取り上げた6人のストーリーには、その指針を読み取るためのヒントが隠されていました。

では、6人のストーリーからどのような示唆を汲《く》み取ることができるのでしょうか。6人の特徴を見直すことから検討をはじめましょう。

ロバート・キーガンの構造発達理論

多様なもののなかから特徴を見出そうとしても、どこから手をつければよいか迷うことがあります。そのようなときは、基準を設けて分類し、それぞれの特徴を観察する方法が効果的です。たとえば、学年全体の特徴を捉えようとすると混乱してしまいますが、「バスケ部の生徒は……」「放送部の生徒は……」といった視点でみると整理しやすくなります。分類はときとして重要な情報をそぎ落としたり、レッテル貼りにつながったりするため注意が必要です。しかし、複雑なテーマを議論するときの糸口を与えてくれることも少なくありません。

第1章で紹介した物語はわずか6人のものですが、学生時代の過ごし方への手がかりを見出すにはあまりにも情報が豊富です。そこで、まずは6人を整理分類し、そのうえで成長のヒントを考えることにしたいと思います。

整理のために参照したいのが、発達心理学者であり、米国ハーバード大学教育学大学院教授のロバート・キーガン氏らが提唱した「構造発達理論」です。

発達心理学というのは、加齢に伴って人がどのように成長するのか、そのプロセスをとくに精神面に注目して検討する心理学の分野です。従来の発達心理学は、おもに幼児期から青年期（10代前半から20代半ばまで）に至るまでの上昇的変化を対象としてきましたが、他方で青年期以降の発達を扱う議論も蓄積されはじめています。人は大人になってからも発達を遂げる。ロバート・キーガン氏らが唱えている理論は、むしろ大人になってからの成長に関心を向けたものになります。

5段階の成長

ロバート・キーガン氏らの理論は次のようなものです。

図表6をみてください。この理論では、人は「0段階」以降、大きく5つの段階に分けて発達すると考えます。

「発達段階0」は生まれてから間もない乳幼児の段階ですが、人はそこからまず「発達段階1」へと成長します。ここでは、具体的な物事を思い浮かべ、考えたり行動したりすることができますが、あくまで衝動的。自分と他人が違うということがあまりわかっていない状況です。ただ、この「発達段階1」は基本的に子どもの段階であり、大人の発達を捉える際に重要になるのは「発達段階2」以降になります。

「発達段階2」以降、大事になるのは、専門用語でいえば「自己と客体の均衡」。簡単にいえば自分のなかに軸足を置いた成長段階なのか、他者のことに軸足を置いた成長段階なのかということですが、まず「発達段階2」は、自分軸が重要な段階になります。具体的にいえば、「発達段階2」は、基本的に自分の欲求、関心、願望を大事にしている段階。他者の感情や思考まで推し量ることはできず、他者の存在は自分の欲求、関心、願望を満たすための、いわば道具という立ち位置になります。

そして次の「発達段階3」になると、他者のことがみえるようになります。他者の欲求や視点を自己のなかに取り入れ、自己の視点もその現実のなかで思考されるようになります。ただ他方で、まだ他者のことが見えはじめたばかりであり、対人関係に従属してしまうというのも、この段階の特徴です。対人関係を壊すことは自分を傷つけること

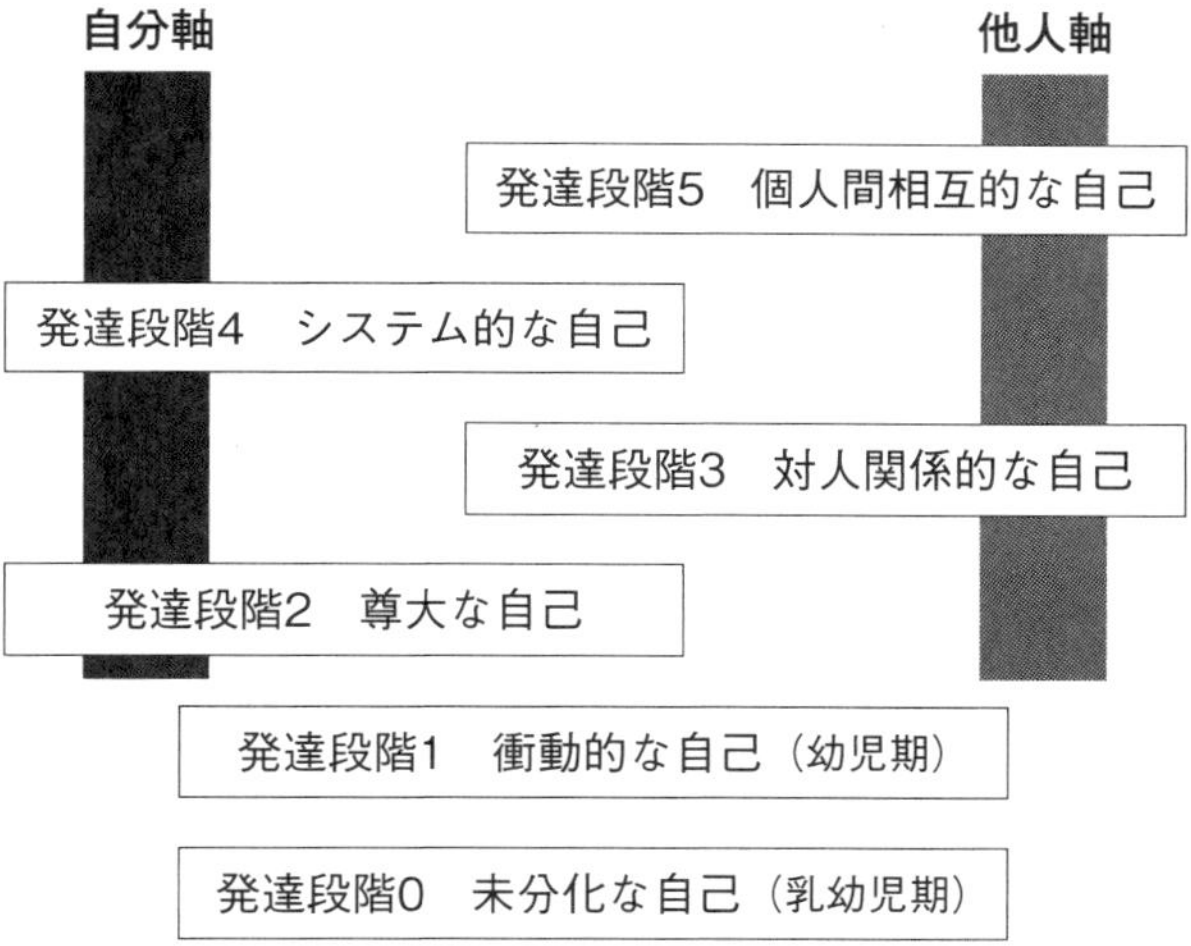

図表6　キーガンの構造発達理論

にもなるので、避ける方向に動いてしまうのです。

その先が「発達段階4」。自分軸での成長に戻ります。ここでは他者とさまざまなことを共有しながらも、自己を維持できるようになっているため、周囲に配慮しながら自律的に意思決定ができるようになります。いわゆる集団のリーダー的存在とでもいえるでしょうか。

この「発達段階4」を経たうえでたどりつくのが、「発達段階5」です。ここでは、他人の価値観を取り入れ、相互発展を目指すようになります。自己と他者の感情や視点の違いは、もはや不安や不和を呼び起こし解消されるべきものではなく、受け入れることができるものとされる。これが最終段階です。

ロバート・キーガン氏らのこの理論は、組織やマインドの改革シナリオを示す実践へのインプリケーションというかたちに発展し、それは日本でも紹介され、話題になりました（『なぜ人と組織は変われないのか――ハーバード流 自己変革の理論と実践』英治出版、訳書2013年）。ただ他方で、理論そのものとしても興味深く、海外では大学生の発達を理解するための土台としても使われています。そして構造発達理論を用いた分析の多くが、大学生の構造発達段階が第2段階から第4段階にあることを示してきました。

以下で試みたいのは、第1章で紹介した6人それぞれについて、どの段階にいるのかを判断し、その違いを生み出していると考えられる要因を語りから炙《あぶ》り出すことです。6人の位置づけから議論をはじめていきましょう。

6人のポジショニングと問いの設定

マオ、ヤスシ、ワカバ、メイ、カズヨシ、リョウヘイがそれぞれどの段階にいると捉えられるのか。およそ図表7のようにまとめることができるように思います。

マオから振り返ってみましょう。マオは大学に入学した直後こそマーケティングという関心領域を意識し、経済学や商学の授業に登録しましたが、授業への意欲は数週間のうちに薄れてしまいました。その後、経済学関連のゼミのメンバーになり、仕切り直そうとするものの、結局エンジンはかからないまま。「大学では、専門のほかに、教養も頑張ろうと思っていたんですけど、なんか4年間があっという間に過ぎてしまいました」。マオのこの振り返りに、自分の欲求、関心、願望を大事にするという「第2段階」の特徴をみることはできません。「第2段階以前」に位置づけたのは、そのためです。

次はヤスシです。ヤスシは小学生のときからラグビー中心の生活を送り、ラグビー基準の進路選択を試みていました。中学受験の志望校選びもラグビー、大学進学先もラグビーの強豪校。進学してからは、ラグビーの練習時間と重ならないように授業をとっていきました。なによりラグビーを重視するヤスシは、自分の欲求、関心、願望を大事にしているともいえますが、ゼミ希望の提出締め切りを忘れ、そのことを「しまった、と思ったんですけど、1年のときから仲良くしていた友達もいたんで、まあ、いいかな」と済ませてしまいます。学びという点に関していえば、ヤスシも「第2段階以前」にいるといえるでしょう。

ワカバはどうでしょう。ワカバはコンプレックスを原動力に、むしろ苦手なことにチャレンジしようとする学生でした。大学の授業は淡々と進み、その後、ワカバは留学を試みます。しかし留学先の学びは片手間でこなせるもので、納得できるものではなかった。帰国後、ゼミでの学びに期待して100本近くの論文を読んだものの、専門的な内

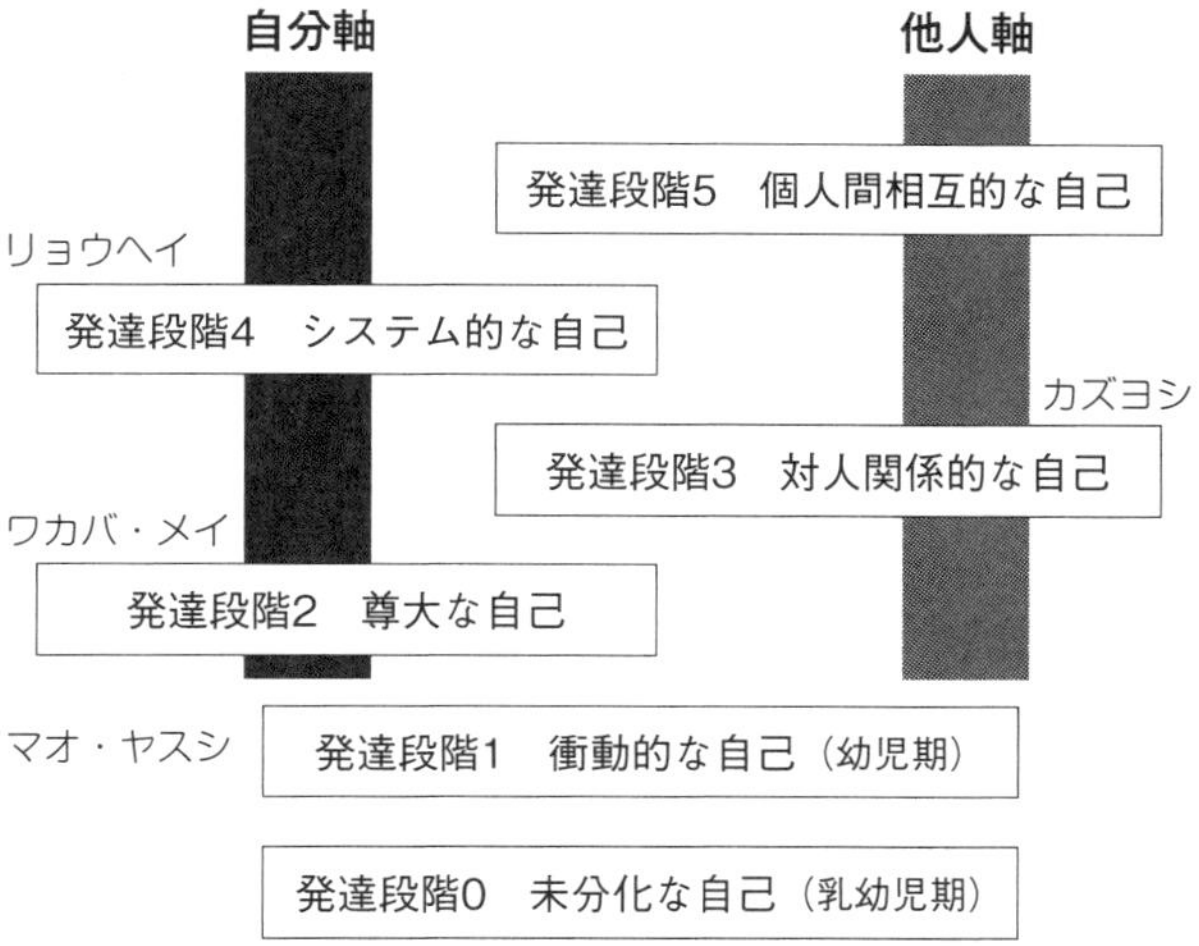

図表7　キーガンの構造発達理論と6人のポジション

容を十分修得できなかったと、悔しい気持ちを吐露していました。以上、ワカバは、学びに関して自分の欲求、関心、願望を大事にしていますが、第3段階の特徴である「他者の欲求、視点を自己のなかに取り入れる」という域には入っていないように見受けられます。ワカバは第2段階だといえるでしょう。

メイです。メイは「国際」がキーワードとなるような中高時代を過ごしたうえで大学に進学しました。しかしながら1年生の春学期に授業を詰め込みすぎ、授業のつまらなさも手伝って、徐々に受け身の姿勢で学びに臨むようになります。変化が訪れたのは、国際平和構築という、メイの関心に合致するゼミに入ったとき。関連図書を何冊も読み、できることはやりきったといえるほどの学びは経験しました。修得したのは、いろんな考えがあるということ。ただ、これも「他者の欲求、視点を自己のなかに「取り入れる」」ほどのものではありません。メイは、第2段階の学びを展開していたといえます。

カズヨシを振り返りましょう。カズヨシは、1年生のときこそ就活に勤《いそ》しむというレアなスタートを切りましたが、2年生のときに参加した東南アジアのフィールドワークをきっかけに思考法が変わります。フィールドワークの2週間、O先生からの「何が問題なのか？」「本当にそれが問題なのか？」という質問が飛び交う報告会に参加することで、自分の役割を考えるという思考法を身につけました。相手のために何ができるのか。その視点を強調するカズヨシは、「他者の欲求、視点を自分のなかに取り入れる」第3段階に入ったといえます。

最後にリョウヘイです。リョウヘイは、指定校推薦でもらった縁でE大学に進学し、法学系を学ぶことになります。進学後、活動拠点となるコミュニティ——法律サークルや国際ボランティア活動をするNPO——は自分で選んだものの、周囲に流されるままに経験を積んでいきました。けれどもここで、リョウヘイの学びに「教員」が加わります。しかもリョウヘイは教員と主体的、個人的、直接的、継続的に関わっていきます。卒業を前に、リョウヘイは学んだこととして、多様な価値感があるなかで「全体的な方針をどうするかとか、地政学的な大きい視点で考えるという……。そういう考え方が重要だということ、そして面白いということ」を挙げました。キーガン氏の第4段階は「他者とさまざまなことを共有しながらも、自己を維持できるようになっているため、周囲に配慮しながら自律的に意思決定ができる」というもの。リョウヘイは、6人のなかで唯一、第4段階の学びに到達していたと考えられます。

さて、それではいよいよ「どのようなスタンスで活動を選び、向き合うべきか」という切り口から、大学時代の過ごし方について考えてみることにしましょう。第2段階以前のマオとヤスシは、ほかの4人と何が違っていたのか。第2段階の学びを展開したワカバとメイは、カズヨシとどこが違ったのか。第3段階のカズヨシと第4段階のリョウヘイを比較すると何がみえてくるか。これらの問いを通して浮かび上がるのは、大学時代の学びを変える〈2つの条件〉です。まず、第3章で、1つめの条件について説明したいと思います。

第3章

アウェイの世界に飛び込む——成長の条件【その一】

マオ・ヤスシに足りなかったもの

第1章ではE大学で社会科学を学ぶ6人（マオ、ヤスシ、ワカバ、メイ、カズヨシ、リョウヘイ）の語りを紹介し、第2章ではその6人それぞれが、ロバート・キーガン氏が提唱する構造発達理論のどの段階にいるのかを整理しました。提示したのは、マオとヤスシは第2段階以前、ワカバとメイは第2段階、カズヨシは第3段階、リョウヘイは第4段階という分布です（図表8）。では、こうしたばらつきの背景はどう理解されるでしょうか。まず、マオとヤスシ（ともに第2段階以前）に足りなかったものから考えてみましょう。

マオは、マーケティングに興味をもちながらも、早々に授業への意欲を失ってしまいます。ただ、この意欲の喪失は、なにも第2段階以前にとどまったマオだけにみられるものではありません。メイ（第2段階）も1年生の春、授業をキツキツに詰め込んだり、予備校に比べてつまらない授業をする教員に辟易《へきえき》したりで、「現実を目の当たりにして、学ぶことに対して、受け身な姿勢になっちゃったんですよね」と語っていました。

ヤスシは、もともと自身の専攻分野に関心があったわけではありませんでした。ヤス

第２段階以前	マオ  ヤスシ 
第２段階	ワカバ  メイ 
第３段階	カズヨシ 
第４段階	リョウヘイ 

図表8　キーガンの構造発達理論と6人のポジション

シは強いチームでラグビーをするためにE大学に進学したのです。では、専門への関心のなさは、第2段階以前にとどまったヤスシの立ち位置に関係しているでしょうか。ここで注目されるのは、リョウヘイ（第4段階）です。リョウヘイも、指定校推薦でたまたま法学系の学部に進学することになっただけであり、関心は皆無。むしろ課題図書として設定された専門の書籍のことを「弁護士とか、法曹になろうという気もなかったので、なんだかつまんないなあ」といっていました。

では、マオとヤスシが、ほかの4人と異なっていたことは何だったのでしょうか。注目したいのは、マオもヤスシも、高校時代までと同じ課外活動に取り組み、そこを大学での居場所としていたことです。

マオは中高時代、軽音楽部に所属していました。そして大学の授業からフェードアウトしたあとに通い続けたのも、大学の軽音楽サークルでした。ヤスシは小学校時代からラグビー三昧。そして大学でもラグビー中心の生活を送っていました。詰まるところ、マオもヤスシも、高校時代までの延長のような生活を送っていたわけです。

他方、ほかの4人は、得たものの大きさや意味に違いはあるものの、高校時代までの自分がやらなかったことにチャレンジしていました。ワカバ（第2段階）は欧州留学、メイ（第2段階）は大学に入ってからスキーをはじめ、自分とは全く違う価値感の友人と行動を共にしていました。カズヨシ（第3段階）は入学早々に就職活動をはじめ、東南アジア2週間フィールドワークに2回行っています。そしてリョウヘイ（第4段階）は国際法模擬裁判大会に出場し、アフリカやアジアを中心に十数か国でのボランティア活動にも取り組みました。ワカバもメイも、そしてカズヨシもリョウヘイも、高校までの自分からすればアウェイの世界に飛び込んでいったわけです。

高校の輪切り問題がもたらすもの

大学時代に〈アウェイの世界に飛び込む〉ことが大事だということは、6人の比較から浮かび上がる点ですが、他方で次のように説明することもできます。

私が専門とする教育社会学には多くの研究領域がありますが、そのなかのひとつに「生徒文化研究」があります。高校を主な対象とする領域で、酒井朗さん（上智大学教授）の説明をひけば、「生徒文化とはその学校の生徒集団が共有する行動様式や価値観」

のこと、すなわち「トップランク校では向学校的な生徒文化が優勢であり、生徒は自然に学業に向かっていく。これに対して、いわゆる入試偏差値の低い高校では教師や学校に反抗的な反学校文化や、学校的なものから逃れファッションや遊びなどに向かう脱学校文化が支配的であること」が実証的に明らかにされてきました（酒井朗「高校の階層構造とトラッキング」酒井朗・多賀太・中村高康編『よくわかる教育社会学』ミネルヴァ書房、2012年）。ここでは、この「それぞれの高校には支配的な文化がある」という点に注目したいと思います。

高校は基本的に学力（偏差値）によって入学者を選抜しています。そして、その学力の幅は非常に限られています。「輪切り」と表現することもありますが、重要なのは、学力と家庭背景の間にはある程度強い相関がみられるという事実です。似たような学力で選ばれた集団は、似たような家庭背景をもつ集団になっている。高校に学校特有の文化が形成される背景には、大学進学に対する考え方や学業面での得手不得手も関係していますが、家庭背景が似た集団であることも無視できない要因だといえます。

そのうえで強調したいのは、支配的な文化のなかで過ごす時間が、必然的に思考停止をもたらしてしまう点です。似たような友人と、似たような関心や話題を共有して過ごす。それでは、視野は広がりません。世界が広がらなければ、自分の強みや弱み、そしてこの広い社会に存在しているさまざまな疑問や葛藤、不合理に気づくことも難しくなってしまう。鈍感になってしまうのです。

最近の高校は、生徒たちの視野を広げるための機会を提供するようになっていると聞きます。社会で活躍する卒業生を呼び、在校生に仕事の魅力を話してもらう。地域にフィールドワークにでかけ、街の人の話を聞く。探究活動の時間をとる。素晴らしい試みです。

けれども、こうした試みの効果には限界があります。たとえ刺激を受けても、その直後に「自分と似た集団」での生活に戻ってしまうため、刺激はいずれ忘れ去られてしまうのです。もちろん、人生を大きく変えるような刺激になる場合もあるでしょうが、それは稀《まれ》なケースといえるでしょう。

だからこそ、〈アウェイの世界に飛び込む〉こと、そこで一定の時間を過ごすことが大事になってきます。そしてそれがしやすいのは、ある程度時間に融通が利く大学時代です。しかしながらマオとヤスシは、こうしたアウェイ経験を積むことがありませんでした。

自分にとって一番遠い世界に行きなさい

大学でのアウェイ経験がいかに効果的なのか。それを知るためのひとつの事例を紹介したいと思います。社会学者の仁平典宏さん（東京大学教授）の経験です。

東京大学のWEBサイトには、構成員としての教員、研究者について、論文や著書だけではわからない側面からの紹介を試みるUTOKYO VOICEというページがあります。2018年から2021年にかけて、100人の教員・研究者を紹介していますが、そこに仁平さんの経験に関する記事をみつけることができます。以下、少し長くなりますが、記事の一部を引用したものです[5]。

（…）国が福祉施策を民間に委ねる新自由主義が時代の潮流となっている今、ボランティアなどの社会参加の動きがなぜ広がっているのか。その問題をボランティアに関する100年の言説の変化から実証した仁平も、かつては社会に関心のない1人の青年だった。

大学に入って社会学に関心を持ったが、何を研究すべきか決まらない。「身の回り3メートルのことしか考えずに生きてきたので、社会に対する問題意識が持てず、政治的活動に勤《いそ》しむ同級生を白い目で見るシニカルな学生でした」。

困った仁平は人類学の教授の「自分にとって一番遠い世界に行きなさい」という助言を受け、知的障害児の施設にボランティアとして通い始めた。その中で、ボランティア活動に邁進《まいしん》する周りの若者たちもまた、政治や社会に特別関心があるわけではないことを知る。卒業論文では自分を投影するかのように、政治に関心のないボランティアについて書いた。

大学院に入ってからは、政治に対する無関心の背景を知りたくなった。手がかりになったのはやはりボランティアだ。活動の性質が昔と変わってきているのではな

5 https://www.u-tokyo.ac.jp/focus/ja/features/voices065.html（2024年8月31日閲覧）

いか。仁平はそう気づいた。

「かつて、生活を共にしながら貧困に苦しむ人々を支援する「セツルメント活動」という社会運動が広がった時代がありました。政治や社会に深く関与していたボランティア活動が、いつどのように変化したのか。それを見極めれば、政治や社会に関心を持たない若者が生まれる背景がわかるのではないかと考えたのです」(…)

「社会に対する関心がない」「シニカルな学生」だった仁平さんが、自分からもっとも遠い場所だと判断した知的障害児施設でボランティアに取り組むことにより、変わっていく様子が描かれています。

この引用でとくに強調しておきたいのは、「大学院に入ってからは、政治に対する無関心の背景を知りたくなった」という部分です。常識だと思っていたことが通用しない世界に飛び込み、「どういうことなんだ?」と疑問を抱く。その疑問が、「知りたい」という気持ちへとつながったのです。

「知りたい」までいけば、ロバート・キーガン氏らが提唱する「構造発達理論」の「発達段階2」突入です。ワカバやメイ、そしてカズヨシ、リョウヘイが、思考停止に陥ることなく、「知りたい」「経験したい」という気持ちに突き動かされる学生生活を送っていたことを思い出してみてください。

計画的偶発性理論

関連して、ひとつ有名な学術理論を紹介しておきましょう。スタンフォード大学の教授であり、心理学、キャリア論を専門とするジョン・D・クランボルツ氏が提唱した「計画的偶発性理論」です。

クランボルツ氏のこの理論は、日本では『その幸運は偶然ではないんです！――夢の仕事をつかむ心の練習問題』（ダイヤモンド社、訳書2005年）として紹介されました。タイトルだけをみると自己啓発本のようにかんじられますが、実際にはクランボルツ氏らのデータ収集と分析に基づいて書かれたものです。

この本の帯には、「もうキャリアプランはいらない」と大きく書かれています。どういうことかと疑問に思う方もいるかもしれません。学校の進路指導では、「どういう仕事に就きたいのかを考え、それを実現するためにはどこで学べばいいのか、その進学を実現するためにはどういう準備、勉強をすればいいのか考えなさい」といったアドバイスがなされるのが一般的です。要はキャリアプランをベースに考えなさい、ということですが、クランボルツ氏はその反対の主張をします。

クランボルツ氏が根拠としているのは、アメリカの社会人に実施した調査データです。分析の結果、18歳時点でなりたいと思っていた職業についた人の比率はわずか2%であること、ビジネスに成功した人の8割が、偶然の出来事によってキャリアのターニングポイントを迎えたと考えていることがわかりました。こうした知見を踏まえて提唱されたのが「計画的偶発性理論」です。

偶然出会う事柄や他者によってキャリアは構築される。他方でクランボルツ氏は、ただ待っているのではなく、偶然が意図的に生じるように自ら行動し、周囲に目を向けることが大事だと強調します。広く世界を見渡せば、キャリアプランがあったからこそ道を切り開くことができたという人もいるでしょう。とはいえ、エビデンスに基づいたクランボルツ氏の理論は、やはり看過できないように思います。

そして本書の議論に即して強調したいのは、クランボルツ氏の「偶然が意図的に生じるように自ら行動する」という考え方が、〈アウェイの世界に飛び込む〉こととおおいに重なり合う可能性がある点です。また、「周囲に目を向ける」という行動も、アウェイの環境にいるときのほうが、より意識的に行えるのではないでしょうか。

誤解がないように断っておくと、アウェイの世界に飛び込んだからといって、必ずしも「偶然」に出会えるわけではありません。ただ、出会う確率は格段に高まるように思います。事象Aが起きたときに事象Bが起こる確率を「条件付き確率」と呼びますが、確率を高めるための条件を整備するという考え方は、行動を決めるうえでの重要な指針となるはずです。

学ぶ大人が実践する越境学習

アウェイの世界の重要性は、「大人の学び」に関する研究でも注目を集めています。この点についても少し触れておきましょう。

働く個人がどのように知識やスキル、考え方などをアップデートするか。この問いをめぐっては、多くの研究が蓄積されてきました。そして近年、重視されているのが「越境学習」という概念です。

越境とは境界を超えること。人材開発・組織開発の専門家である中原淳さん（立教大学教授）は、『経営学習論――人材育成を科学する』（東京大学出版会、２０１２年）のなかで、越境学習を「個人が所属する組織の境界を往還しつつ、自分の仕事・業務に関連する内容について学習・内省すること」と定義しています。平易な表現でいえば、「仕事内容に関連した勉強会や研究会など、組織を超えて開催されている学びの場に参加しつつ、学習する」ことです。

さきほど、高校のことを「輪切り」といいましたが、中原さんによれば、そもそも日本社会自体が、社会的孤立度の高い社会です。「家族、友人、職場の同僚以外のいわゆる異質な他者との出会い、交流、つながりが欠損している」状態。そうした状態のなかで続く家庭と仕事の往復。そして「一般的に人は同じ組織のなかに長くいると、「過剰適応の罠《わな》」や「能動的惰性」にとらわれる可能性が高く」なります。これだと新しいアイディア、ひいてはその先にあるイノベーションは生まれません。中原さんは、「越境学習の深層に横たわる主要なニーズのひとつは、「過剰適応」「能動的惰性」「文化的無自覚性」に自ら「裂け目」を入れること」だといいます。

経営学が専門で、やはり越境学習に詳しい石山恒貴さん（法政大学教授）は、越境を「より個人の心理（認知）に基づくものと解釈し、境界を個人にとってのホームとアウェイの間にある心理的な存在」とみています（石山恒貴・伊達洋駆『越境学習入門——組織を強くする「冒険人材」の育て方』日本能率協会マネジメントセンター、2022年）。ホームは、個人にとって居心地のよい慣れた場所であり、よく知ったメンバーで構成されるが、刺激がない場所でもある。アウェイは、個人にとって居心地が悪い慣れない場所であり、日常の言葉が通じないような見知らぬ人間たちが存在するが、同時に刺激のある場所。石山さんは、ホームとアウェイの往還（短期間に行き来すること）によって生じる刺激が学習につながるとし、それを越境学習と呼んでいます。

中原さんは物理的な越境、石山さんは心理的な越境に注目していますが、アウェイの効果を強調する点において、両者の主張は共通しています。成長のポイントに〈アウェイの世界に飛び込む〉を挙げたのは、インタビュー調査の分析から得られた示唆だからというところもありますが、同時にこうした議論を参照しても重要な点だといえるからでもあります。

第4章

教員を活用する――成長の条件【その二】

ワカバ・メイとカズヨシは何が違ったのか

第3章では、ロバート・キーガン氏らが提唱した構造発達理論の第2段階にたどりつくためには何が必要かという点から、〈アウェイの世界に飛び込む〉ことが大事だと指摘しました。第2段階以前で足踏みをしていたマオやヤスシは、大学入学前から続けてきた活動を主軸に据えた時間を過ごしていました。そのことが、学びや成長に限界をもたらしたと捉えることができます。

本章ではその先、第2段階から第3段階へ、そして第4段階へいくためには何が大事なのかということを考えていきましょう。

まず、取り上げたいのは、ワカバとメイが、第2段階にとどまった理由です。なぜ、2人は自分の欲求、関心、願望を大事にしている段階に徹し、その次に行けなかったのか。それを第3段階にいるカズヨシと比較することによって探っていきます（図表9）。

ワカバは困難な課題に向き合うことで成長することをモットーとしている学生でした。地元を離れて東京に行く。人文系が好きなのに、社会科学系を選ぶ。欧州留学にチャレンジし、苦手な計量経済学を軸とするゼミに所属する。いずれも自ら選び取っていまし

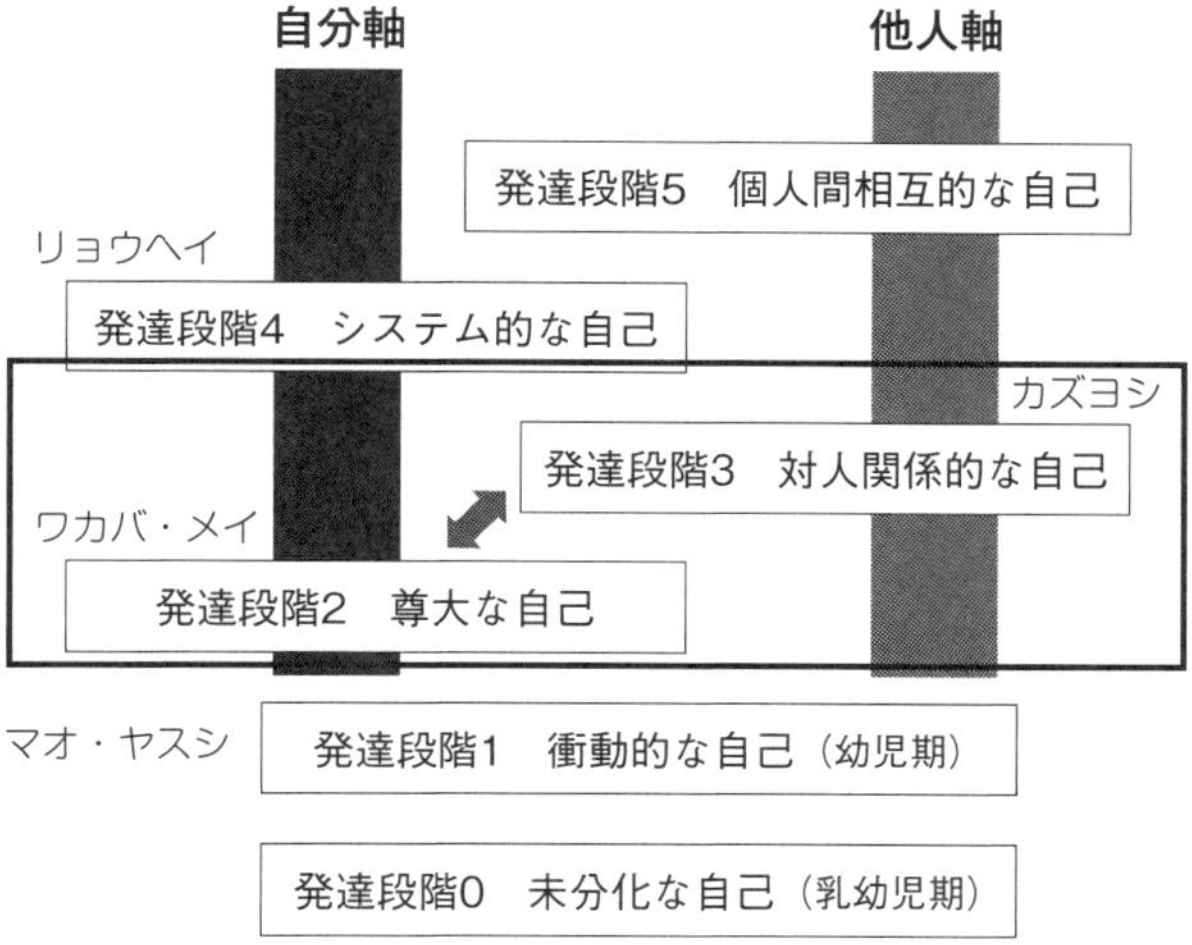

図表9 キーガンの構造発達理論と6人のポジション

た。

メイも授業に意欲をみせていた学生です。入学してしばらくは面白さも見出せないまま授業に臨んでいましたが、「これだ！」と思えるゼミに出会い、所属してからは、一転して授業（ゼミ）に意欲をみせるようになりました。ゼミ担当教員のN教授が書いた本はほとんど読んだというメイ。その冊数に触れておくと、N教授は単著（ひとりで執筆する書籍）、編著（自らが編集と執筆に関わっている書籍）、そして分担執筆（一部の章を担当している書籍）を合わせて十数冊を出版しており、それをほとんど読んだとすれば、かなりの量になります。

このように改めてみると、ワカバもメイ（ともに第2段階）も共に「頑張り屋さん」です。では、何がカズヨシ（第3段階）と違っていたのでしょうか。注目されるのは、「大学教員と話した機会の多寡（多いことと少ないこと）」です。

ワカバもメイも、自分で努力し、ゼミのメンバーとのグループワークには積極的に関わりました。しかし、教員と話す機会は多くありませんでした。ワカバのゼミ担当教員であるM先生は基本的に静観スタイルで、メイもゼミの担当教員であるN先生について

「実はちゃんと話したことがないんですよ」といっています。

一方、カズヨシは、東南アジアでの2回のフィールドワーク（それぞれ2週間、合計約1か月）の中で、引率のO先生と徹底的に議論を重ねました。教員から意見を求められ、答えるたびに「なぜ？」と理由を繰り返し問われました。さらに、「本当にそうなのか？」「本当にそれが重要なのか？」と自分の意見の見直しも求められました。一対一ではなくグループディスカッションでしたが、これが毎日数時間にわたって行われたのです。

その結果、カズヨシは、自分のなかに思い込みや偏見があり、まずは相手を理解することが重要だと気づき、この意識を定着させました。そして、自分の発想法を見直し、変えることに成功したのです。

なぜ、大学教員なのか

以上の説明から、「大学教員と話す機会の多寡」というよりも、「なぜ？」や「本当にそうなのか？」といった問いを受けることが重要だと考える方もいるかもしれません。

たしかに、それも一理あるでしょう。実際、大学教員ではない大人や先輩から「なぜ?」「本当にそうなのか?」と問いを投げかけられて成長したという人もいるはずです。それでも、ここではあえて「大学教員」というアクターに焦点を当ててみたいと思います。

その第一の理由は、大学教員が研究者として、自らのテーマについて常に「なぜ?」や「本当にそうなのか?」と考え続けているからです。まさに「餅は餅屋」であり、指導を受けるのであれば、その道のプロフェッショナルに、という点が挙げられます。

さらに共有したいのは、大学教員が大学という場を「なぜ?」や「本当にそうなのか?」という問いを交わし合う場だと捉えており、したがって学生にこうした問いを投げかけることを自分の役割だと認識しているから、という点です。

大学生になると、大人と関わる機会が増えるでしょう。アルバイト先やインターンシップ先は、その代表的な例です。そこで「なぜ?」「本当にそうなのか?」と問われることも十分にあると思います。たとえば、「仕事がうまく進められませんでした」「なぜうまくいかなかったと思う?」、あるいは「こうした改善策を考えてきました」「本当にその改善策がベストだと思う？」といった具合です。こうしたやり取りは、時に頭をフルに使わせ、一皮むけるきっかけとなるでしょう。

ただ、ここで確認したいのは、アルバイト先やインターンシップ先での「なぜ？」「本当にそうなのか？」という問いの多くが、ゴールに近づくための【手段】として投げかけられているという点です。

一方、大学教員が発する「なぜ？」や「本当にそうなのか？」の多くは、【目的】としての問いです。教員は「多面的に思考できるようになってほしい」「重層的な根拠に基づいて判断できるようになってほしい」「当たり前だと思われている事柄について批判的に検討する力をつけてほしい」といった意図をもって、学生に問いを投げかけています。そして、【目的】として発せられた問いは、「ほかの価値基準で考えても本当にそういえるのか？」「その意見が妥当だとすれば、なぜそうなのか？　どのような条件がその意見を妥当なものとしているのか？」など、思考を多角的に広げていきます。思考力を鍛えることこそが【目的】だからです。

カズヨシはO先生とのやりとりを「洗礼」と表現していましたが（第1章）、それはゴールがみえないやりとりでした。付け加えておくと、カズヨシはO先生とのやりとりを「禅問答」とも表現していました。こうした時間のなかで、カズヨシは自分が生まれ変わったとかんじたのでしょう。

【手段】であれば、ゴールに近づくことで問いかけは消え失せます。けれども、【目的】であれば、次から次へと問いはやってきます。しかもプロフェッショナルからの問いが続くわけです。カズヨシは、こうした厳しい環境に自ら飛び込んでいくことによって、構造発達理論の【第3段階】に到達したのだと考えられます。

変化と成長

以上の点について、別の研究者の議論に基づいて捉え直してみたいと思います。参考にするのは、アメリカの高等教育研究者であるE・パスカレラ氏とP・テレンジーニ氏の研究です。

パスカレラ氏とテレンジーニ氏は、学生の学びと成長に関する研究を整理したうえで、「成長（development）」と「変化（change）」を区別して議論することが重要だと指摘しています。「変化」とは気づきに近く、「世の中はこうなっているのか」「こう考えることもできるのか」という発見をすることです。発見前の自分と発見後の自分は異なりますが、それはあくまで変化に過ぎません。一方、「成長」は目標志向的な変容であり、人の行動に継続的な影響を与えるものとして捉えられています（Ernest T. Pascarella and Patrick T. Terenzini（2006）"How College Affects Students:（Vol. 2 A）:Third Decade of Research", *Journal of the Association for Christians in Student Development*, Vol. 6, No. 6, pp. 56-58.）。

この「変化」と「成長」の枠組みをつかって、メイ（第2段階）とカズヨシ（第3段階）の事例を振り返ってみましょう。

メイはゼミでほかの学生と議論している際、「西洋風の幸せを当てはめてよいのか」「援助の方法も、今やっているやり方だけではないよな」とN先生から指摘を受け、そのたびに「あ、そうだった」という気づきを得ていました。しかし、毎回気づきがあるということは、裏を返せば、メイが常に同じ発想で議論に臨んでいたことを意味します。メイは「変化」を経験していたものの、「成長」するまでには至っていなかったのです。

対してカズヨシは、フィールドワークでO先生による指導を経験した後、自分がやりたいことをやるのではなく、相手が求めるものをやる、というように行動方針を変えていました。これは、O先生による徹底的かつ集中的な問いかけを通して、カズヨシの行動に継続的な影響を及ぼす「成長」が生じたと解釈できます。

カズヨシについては、この「成長」以前にも、別の「成長」を経験していたことが指摘されます。1年次からはじめた就職活動による「成長」です。カズヨシは、就職活動をするまで大学内の学部の序列に悩まされていました。偏差値的に自分が劣っているようにみえていたのです。しかし、就職活動をするなかでさまざまな人と出会い、話をしていくなかで、序列に意味がないことがわかり、結局は真摯に学ぶことが大事と、大学での学びに力を入れはじめたのです。これも、「行動に継続的な影響を及ぼした「成長」」だったといえるでしょう。

このように、大学教員がいなくても、そして「なぜ?」や「本当にそうなのか?」という問いかけがなくても、「成長」することはあります。ただ、そうした「成長」を待つよりも、せっかく大学に進学したのなら、近くにいるプロの胸を借りたらいいのではないか。そう思うわけです。

カズヨシとリョウヘイは何が違ったのか

議論をもう一歩先にすすめましょう。カズヨシ（第3段階）とリョウヘイ（第4段階）の違いです。

カズヨシは、自分がやりたいことではなく、相手が求めるものをするというスタンスを身につける「成長」を遂げていました。注目すべき「成長」ですが、相手が求めるものをそのまま受け入れようとする判断基準には甘さもかんじられます。相手が求めることをするのが本当に適切な援助だといえるのか、その理由の考察が十分でないといえるからです。実際、インタビュー調査で、私のほうからカズヨシに「相手が望むことが適切な援助だって、なぜいえるの？」と問いかけてみました。カズヨシから出てきたのは「うわ、O先生みたいだ！　こわいこわい（笑）」という返事が返ってきたのみ。カズヨシの成長は、判断基準が自分から相手にうつった、というシンプルなものだったのでしょう。

他方、リョウヘイは違った語りをします。リョウヘイは、「社会にはさまざまな価値観があって、どれがいいというわけではない。そのようななかで何かを選び取らなければならない。何をなぜ選ぶのか。こうしたことを考える機会をもらった」と述懐していました。さまざまなものから、自分で考えてひとつを選ぶ。答えの出し方は、カズヨシより複雑です。

では、カズヨシ（第3段階）とリョウヘイ（第4段階）は何が違ったのでしょうか。ワカバとメイ（ともに第2段階）とカズヨシ（第3段階）とのあいだは、教員と話す機会に違いがありました。ワカバやメイは教員とほとんど話しておらず、カズヨシは毎日数時間、ときには4時間以上という集中的な議論をトータルで1か月間経験していました。そして、このカズヨシとリョウヘイの違いについても、「大学教員と話す機会の多寡」で説明できるように思います。リョウヘイと大学教員との関わりは、カズヨシのそれよりさらに上を行くのです。

まず、リョウヘイは1年生秋から参加した国際法模擬裁判大会で、国際法学者や外務省関係者、元法曹の方々にジャッジをしてもらう経験をします。その後、P先生のもとで国際法についてさらに学びたいと考え、ゼミに正式登録せずに参加することを許可してもらい、特定のテーマを取り上げたグループワークに取り組みます。個別指導ではありませんが、毎週P先生からコメントをもらい、グループで発表内容を練り直す日々を送りました。

4年生になると、P先生の勧めで、日本アカデメイア主催のジュニア・アカデメイアに参加し、グループで作成する政策提言について、日本アカデメイアの会員である大学教員や専門家から指導を受けることになります。リョウヘイへのインタビュー調査はジュニア・アカデメイアの取り組みがはじまったばかりの時期に行われたため、その活動がリョウヘイにどのような成長をもたらしたかはわかりません。ただ、確実にいえるのは、カズヨシ（第3段階）と比べ、リョウヘイ（第4段階）は大学教員などから受けた指導回数が多く、その期間も長いことです。カズヨシは短期集中であったのに対し、リョウヘイは1年生の秋から卒業までの3年半にわたり、教員との関わりのなかで活動していたことになります。

答えのない問いや複雑な社会事象に対して、データを読み解き、検討を重ね、自分なりの答えを見つけ出すことは非常に難しく、一朝一夕でできるものではありません。また、大学教員からの指導を理解し、消化するにも時間がかかります。教育を医療にたとえるのは適切でないかもしれませんが、わかりやすく表現するなら、カズヨシ（第3段階）は応急処置をしてもらい、リョウヘイ（第4段階）は時間をかけてじっくりと治療を受けた、というイメージでしょうか。

ほかにもカズヨシとリョウヘイの差をもたらした要因はあるのでしょうが、この「時間」というのは、きわめて大事なポイントであるように思います。

ORTのススメ

大学教員との関係性のなかで時間をかけて学び、成長する——こうした営みの重要性に関連して触れておきたいのが、ORTというワードです。

日本企業では長らくOJT（On the Job Training：職場での実務を通したトレーニング）の重要性が強調されていました。1980年代頃に強調され、いまも重要だとされていますが、対してORTとは、On the Research Training のこと。社会工学者である矢野眞和さんが『今に生きる学生時代の学びとは――卒業生調査にみる大学教育効果』（玉川大学出版部、2023年）で提唱したワードです。私なりに矢野さんの議論をまとめれば、次のようになります。

（1）ノーベル経済学賞を受賞したスティグリッツは、グリーンウォルドとの共著『スティグリッツのラーニング・ソサイエティ――生産性を上昇させる社会』（藪下史郎監訳、東洋経済新報社、2017年）のなかで、企業がベストプラクティスを出すためには学習が重要であると述べている。ここでいう学習とは、「学び方を学ぶ」こと、そして「考え方を変える」ことである。

（2）「考え方」を「規範を帯びた知識の集合体」と捉えると、考え方の変化は多くの場合、「自己と他者との対話」を通じて起こると考えられる。

（3）「自己と他者との対話」を通じた学習は、一方が教える側、他方が教わる側という形が一般的だが、共に知らないことを追究する対話や、共に知っている（常識とされている）ことを疑う対話もある。後者2つこそが、考え方を変えることにつながりやすいと考えられる。

(4) 文化人類学者の川喜田二郎さんは、「答えを知らない者同士が知恵を出し合い、現場で情報を収集し、常識化した既成概念に囚われずに情報を組み立て、そこから問題を発見し、解決策を提案し、検証する。この一連の問題解決プロセスが「研究」という仕事だ」と述べている。この考えを先の議論に当てはめれば、研究こそが重要な学習スタイル(自己と他者との対話)だといえる。

(5) 研究力を高めるには、研究実践を積み重ねることが不可欠だ。大学におけるORT(On the Research Training)のひとつが卒業論文研究だが、研究力を磨くためには、学部の低学年からORTを積み重ねていくことが重要である。

本書プロローグで、大学での学びにおける「研究」の側面についてはのちほど触れると述べましたが、いよいよその局面に入っていきたいと思います。

矢野さんの議論を参照すれば、リョウヘイは1年生の秋から研究に近い活動を続けてきたといえるかもしれません。というのも、リョウヘイは国際法模擬裁判で「どうやったら相手に勝てるのか？」という答えのない課題に取り組み、大学教員や識者からコメントを受けてきました。また、ゼミではP先生のコメントや指導を受けながら、グループで特定のテーマについて解決策を導き出す作業を継続してきました。さらにジュニア・アカデメイアでは、答えが定まらない政策提言を学生グループで検討し、日本アカデメイアの関係者から指導を受けています。

こうした視点からみると、カズヨシ（第3段階）とリョウヘイ（第4段階）の違いを、どれほど深く、そして長く研究活動に関わったかという切り口から捉えることもできるでしょう。矢野さんの「学部の低学年から」という指摘が、1年生の秋から学び方を変えたリョウヘイの大学時代とリンクしている点も興味深いところです。

さて、ここまで「どのようなスタンスで、取り組む活動を選び、向き合うべきか」という視点から大学時代の過ごし方をみてきました。ロバート・キーガン氏が示した構造発達理論の「第2段階以前」を脱するために必要なのは〈アウェイの世界に飛び込む〉ことです。続いて「第2段階」から「第3段階」へ進むためには、教員と話す機会をもつことが効果的です。さらに、低学年から教員のコメントを受けながら研究を進めることは、「第4段階」への成長の道も開くことにつながるとまとめられそうです。この「第3段階」「第4段階」へと進むための要件を〈教員を活用する〉と表現しておきたいと思います。

大学時代をどう過ごすか。「どの活動をするか」も重要かもしれませんが、ぜひ「どのようなスタンスで臨むか」という視点で考えてみてください。自分にとってアウェイとかんじる世界を覗《のぞ》いてみよう。知的刺激を絶やさないようにしよう。大学の先生から踏み込んだコメントをもらえる機会をみつけてみよう。早い段階から研究という営みに関心をもち、先生に相談してみよう。こうしたスタンスが、大学時代を充実させる大きな土台になるはずです。

教員に話しかけよう

とはいえ、〈教員を活用する〉ことが大切だといっても、全員がリョウヘイのような経験を得られるわけではありません。進学する大学や学部、そして関心も人それぞれ異なるからです。では、リョウヘイの経験に学びつつ、誰でも実践できることは何でしょうか。私が提案したいのは、教員に話しかけるという、きわめて素朴なアクションです。
一概にはいえませんが、多くの大学は次のような流れでカリキュラムが組まれていま す。学部の低学年では、専門の基礎的内容を学ぶため、大人数クラスの授業（講義）を中心に受けることになります。そして学年が進むと、文系ではゼミナール（ゼミ）、理系では研究室に所属し、少人数による研究活動を軸とした教育へと進展していきます。これは入門から応用へという設計ですが、まず確認しておきたいのは、学部時代も後半になれば、おのずと教員との距離も縮まることです。

だとすれば、なにより「ゼミ」や「研究室」に所属したタイミングで、担当教員に話しかけない手はありません。少人数かつ研究活動を軸にした集団であれば、教員に研究の相談をし、コメントをもらうということもしやすくなるでしょう。「それぐらいであればできそうだ」と思う読者の方も少なくないように思います。

しかし、ここで急ぎ強調したいことが2つあります。

1つは、実態として、ゼミや研究室の教員に日常的に話しかける学生がそれほど多くないという点です。ワカバやメイの4年間を思い出してください。二人ともゼミには熱心に取り組んでいましたが、ゼミ担当教員と話す機会はほとんどもてないまま終えてしまいました。なぜでしょうか。メイはゼミ担当教員（N教授）について「見守り役に徹している」と表現していました。ワカバは「多忙なゼミ担当教員（M教授）には話しかけられない」といっていました。これは二人なりに観察したうえでの判断なのでしょうが、必要以上に遠慮していたようにもみえます。もしリョウヘイのように「ゼミに潜らせてほしい」と頼みにいくほどの積極性があったなら、ワカバやメイの学びも変わっていたかもしれません。

もう1つは、ゼミや研究室に所属する前のことも意識してほしいという点です。学部の低学年のときから積極的にアクションを起こしてほしい――これが本書で特に伝えたい点です。カズヨシとリョウヘイの比較からみえてきたのは、時間が重要だということでした。答えのない問いや複雑な社会事象に対して、データを読み解き、検討を重ね、自分なりの答えを見つけ出すことは非常に難しく、一朝一夕でできるものではないからです。矢野眞和さんの「学部の低学年から」という指摘も、もう一度思い出してみてください。

ゼミや研究室の教員に話しかけることにさえ躊躇《ちゅうちょ》する学生がいるなかで、学部低学年から教員に話しかけるというのは、高いハードルに思えるかもしれません。「教員の研究のことを聞かなくてはいけないのではないか?」「しっかり勉強していかないと、嫌な顔をされるのではないか?」と思い切れない人もいるでしょう。しかし、これは杞憂《きゆう》ともいえます。

もちろん、大学教員は、自分の専門のこと、これまで書いた論文や書籍のことについて質問されれば、喜んで答えると思います。ただ、知っておいてほしいのは、大学教員は、自分の専門、論文、書籍以外の質問にも対応できるという点です。大学教員の仕事は、なにも「自分の専門を突き詰める」ことだけではないからです。

大学教員の引き出し

大学教員といえば、自らのテーマに精通している専門家——そのように捉えられることが多いでしょう。それは、間違いではありません。アカデミアの世界で自身の関心や問いを突き詰める経験を積み、そしてその成果を学会発表、論文、書籍、特許として形にしているのが大学教員です。

とはいえ、大学教員が自分のテーマについてしか話せないかといえば、決してそうではありません。とくに強調しておきたいのは、大学教員の多くが「学会」に所属しており、そこで自らのテーマ以外の情報にも触れているという点です。

私自身の例で少し説明してみましょう。私の専門は教育社会学で、主に大学教育や大学院教育、高校教育、大学入試について研究してきました。そして、私が所属する学会のひとつに「日本教育社会学会」があります。これは、教育社会学を専門とする研究者の集まりで、1948年に創設され、2024年現在、約1500人の会員がいます。

学会とは、発表や論文を通じて研究者がコミュニケーションを図る場と理解していただければと思います。私もここで、自身の研究成果を発表したり、まとめた論文を投稿したりしています。このようにして、自分（たち）の研究成果を知ってもらおうとするのです。

だとすれば、学会は当然ながら、学会員であるほかの研究者や大学教員の研究を知る場でもあります。私が直接的にテーマとしていない課題、たとえば初等中等教育の問題や教育格差、いじめ、ジェンダー、ニューカマー、カリキュラム、家族、若者文化、逸脱といった多様なテーマについて、誰がどのような研究を行っているのかを聞いたり、読んだりすることができます。学会はこうした幅広い知識を得る場として機能しているのです。また、学会が企画するセミナーやシンポジウムには、教育社会学の研究者だけでなく、他分野の研究者や現場の教員が登壇することもあります。こうした多様な話題に触れることで、自分の「引き出し」も自然と増えていくわけです。

以上、学会を例に説明しましたが、大学教員が引き出しを増やす場は学会だけに限りません。大学教員は、所属する大学での日々の業務を通じて、他分野の教員とともに仕事をしています。その最中の会話のなかで引き出しが増えることもあります。また、企業や自治体との関係を通じて知見を広げることもあるでしょう。さらに、自分の専門外の論文や書籍を日常的にチェックしている大学教員も少なくありません。いずれにしても、多くの大学教員は、プロフィールや授業内容からは読み取れない幅広い引き出しをもっていることを理解していただければと思います。

関心を研究テーマに導く

大学教員に話しかけることの意味についてさらにイメージを深めてもらうため、ここで、ある大学教員の指摘を紹介したいと思います。私の友人で、東京大学大学院人文社会系研究科社会心理学講座の教授をしている村本由紀子さんによるものです。

村本さんは、東京大学が高校生のために制作しているWEBサイト「キミの東大」でとても重要なことを話しています。卒業論文指導についてのインタビュー記事ですが、大学教員と学生のやりとりがどのようなものか、そのリアルな様子が描かれています。村本さんの指摘を2つほど引用するので、読んでみてください。

（…）ここも大事なところなんだけど、私は学生たちに「最初から「研究になるものはどれか」とか、気にしなくていいよ」と伝えています。みんなが想像している以上に、結構「研究」になるものだから、あまり狭く考えなくていいよ、ってね。まずは関心を話してもらうのが大事で、学生本人がわかっていないところですごく面白いことを話していることがあるから、それに対して「そこ、面白いね！」っていうのが、自分の仕事かな、と思っています。

（…）まず、学生自身が面白いと思っていても、「問い」にまでなっていない段階であれば、「ここが面白いんじゃないか」ということ、そして「なぜ、私がそこを面白いと思うのか」ということを伝えるようにしています。「あなたの話のどこが研究の種として面白いのか」ということを伝えようとしている、といってもいいかな。「それは議論され始めているけど、まだ十分開拓されていないテーマだよ」とか、「あまり注目されてこなかったことをいま話しているから、そこにこだわってごらん」とか、「いま言ってることは、従来言われてきたことと逆のことだから、そこを掘り下げていくと面白いかも」とか。そういうアドバイスをすることで、モヤモヤした学生の興味関心を、研究へと引っ張り出す……。

教員は、学生が「現場の言葉」で語った興味関心を、「アカデミアの言葉」に翻訳するような指導もしていると表現できるでしょう。何気ない関心でも、それを教員に話すことで、研究の出発点へと導かれることがあります。こうしたケースは少なくありません。大学教員の立場からすれば、そうした瞬間に立ち会えるのは大きな喜びです。

いったん議論をまとめましょう。大学時代に自分の学びを大きく発展させたいのであれば、まずアウェイの世界に飛び込み、それまで経験したことのない刺激を受け、思考を活性化させる。そして、早い段階で教員に話しかけ、考えていることや興味、不思議に思っていることを伝え、アカデミアとの接点や興味関心の育て方についてヒントをもらう。このようなスタンスで過ごすことがなによりも重要だというのが、30年近く大学に身を置き、学生の学習や成長について考察し、学生たちの声を聞いてきた私の結論です。

第5章

学（校）歴の効果をどう読むか

学（校）歴の効果

大学入学以降にどのように学び、時間をどう使うかによって、卒業時に到達できる状況は変わる。大事にすべきキーワードは〈アウェイの世界に飛び込む〉と〈教員を活用する〉の2つ。これがここまで述べてきた内容の要点です。ただ、この話をすると、しばしば次の質問が投げかけられます――「大学で学ぼうとそうでなかろうと、どの大学に入ったかのほうが、就職やその後のキャリアにおいて重要なのではないですか？」。

そもそも学歴については「タテの学歴」と「ヨコの学歴」の2つを設定することができます。「タテの学歴」とは、高卒、短大卒、学部卒、修士卒、博士卒といったように、どの程度の教育年数を経験しているかを意味し、通常、「学歴」といえばこちらを指します。他方で「ヨコの学歴」は、○○大学△△学部卒といったように、進学先の選抜性の程度を含むものです。この「ヨコの学歴」を「学歴」と区別し、「学校歴」と表現しておきましょう。ここで先の質問に戻ると、「大学受験の結果である学校歴で評価される世の中なのだから、大学での学びに意味はないのではないか」という主張だと言い換えることができるでしょう。

では、実際に学校歴の効果はどの程度あるのでしょうか。この問題については、経済学者の橘木俊詔さんと八木匡さんによる研究成果を紹介したいと思います。橘木さんと八木さんは、日本における学校歴と所得の関係について検証し、その結果、上位大学には所得向上効果がみられるものの、偏差値59以下の学校歴では平均所得に差がないことを明らかにしました。なお、所得向上効果が確認された偏差値60以上の大学というのは、およそ難易度上位15％の大学にあたります（橘木俊詔・八木匡「教育と格差　学歴形成と所得格差」『経済セミナー』637、92－97頁、2008年）。

この上位大学に限って確認される所得向上効果を、大学での学びとは関係がないものとして理解することも可能です。その際に参照されるのが、2001年にノーベル経済学賞を受賞したM・スペンスが提唱した「シグナリング理論」と呼ばれる理論です。少し専門的ではありますが、説明すると次のような内容になります。

シグナリング理論を理解する際に重要な観点は2つあります。第一の観点は「情報の非対称性」という捉え方であり、第二の観点は「生産能力と大学教育を受けるための費用との関係性」に関する見方です。

まず、職を求める学生側は自分の生産能力を知っている一方、雇用を判断する企業側は学生の生産能力がよくわからない（第一の観点）。そのため、学生側は自分の生産能力が高いことを示すシグナルを必要とします。このシグナルとして用いられるのが「学校歴」です。上位大学に進学するためには、それなりのコスト（勉強時間や塾・予備校の費用など）がかかりますが、能力が低く多大なコストをかけないと上位大学に合格できない場合、そのコストゆえに進学を断念することになるでしょう。逆に、上位大学に進学できた人は、それほどコストをかけずに入試を突破する能力があることが証明されたことになります（第二の観点）。学校歴にはこのような能力の証明機能があり、だから上位大学出身者は就職ならびにその後のキャリアで有利になる――このようなロジックです。

このシグナリング理論の考え方を土台にすると、大学進学後の学びよりも、選抜性の高い大学の入試を突破したこと自体が重要だということになります。就職活動の文脈でしばしば語られる「学歴フィルター（特定の偏差値以上の大学出身者でなければ次の選考に進めないこと）」も、この考え方に近い概念といえるでしょう。もし「学歴フィルター」が存在しているとすれば、人事課は大学進学後の学びとは無関係の次元で選抜を行っていることになります。

学び習慣仮説の紹介

とはいえ、以上の点については、追記が必要です。

まず提示したいのは、大学時代の学びにも所得向上効果が認められることです。大学時代の学びがキャリアにどのような影響をもたらすかについてのエビデンスとして、第4章で名前を挙げた社会工学者・矢野眞和さんらの研究成果が挙げられます。この研究は、いくつかの大学の協力を得て実施した卒業生調査を分析したもので、「大学時代の学び」と「働いている現在の学び」、そして「現在の所得」の関係が検証されています。「現在の所得」は労働市場におけるその人の価値を反映していると考えられますが、ではその価値を規定しているのは「大学時代の学び」なのか、それとも「働いている現在の学び」なのか。言い換えれば、大学時代に学んでいた人が出世するのか、それとも働いている現在学んでいる人が出世するのか、という疑問に答えようとする分析です。

結果は、図表10のとおりです。ポイントは3つあります。

第一に、「現在の所得」を規定するのは「大学時代の学び」ではなく、「働いている現在の学び」であるという点です。「大学時代の学び」が直接「現在の所得」を向上させるわけではありません。

第二に、だからといって「大学時代の学び」が重要でないわけではなく、むしろ「大学時代の学び」が「働いている現在の学び」に大きなプラスの影響を与えることが強調される点です。つまり、大学時代に学びを積み重ねた人は、働いている現在も学ぶことができ、結果として高い所得を享受しています。逆にいえば、大学時代に学ぶ習慣がなかった人は、働いている現在も学ぶことができておらず、高い所得を得ることができないということです。学びは膨らんでいくものであり、習慣化させることが大切です。大学時代に学ぶ習慣を獲得すれば、それはその後のキャリアを豊かにする。矢野さんはこのような考え方を「学び習慣仮説」と呼びました。

そして第三に、この「学び習慣仮説」の構図は、どのタイプの大学でも確認できるという点です。歴史のある選抜性の高い大学や比較的新しい小規模な大学など、5つの異

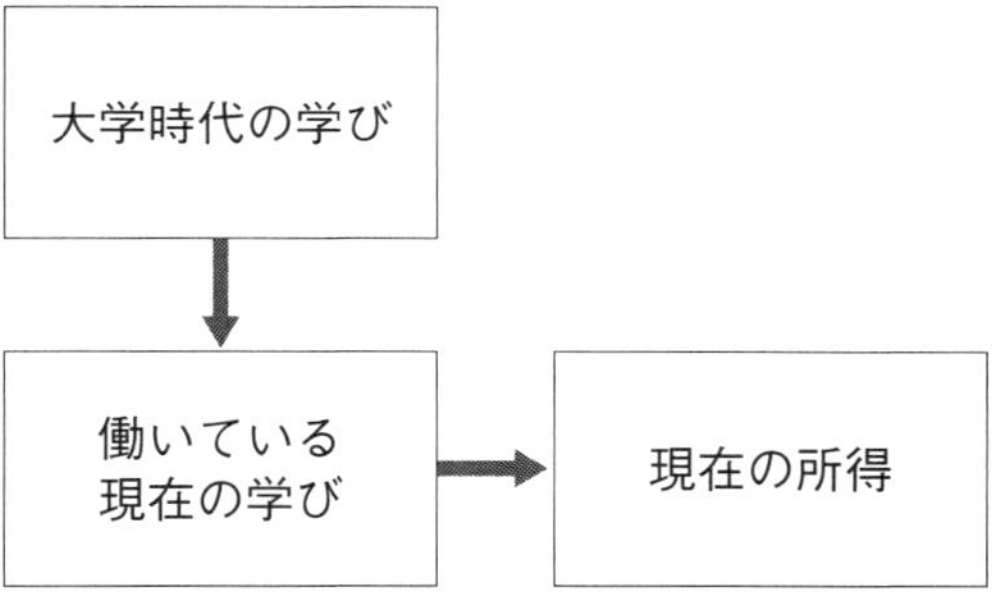

図表10　学び習慣仮説の構図

なる大学の工学系や経済系の卒業生データを分析したところ、いずれでも同様の結果が得られました。矢野さんはこの結果を踏まえ、「学校歴のせいにしてはいけないし、いい大学を出たからといって、学習を忘れれば、教育の効果は縮小する。学歴や学校歴だけに囚われず、教育の機会を真摯に活用し、学生の本分を忘れない努力が、将来のキャリアを豊かにする」と述べています（矢野眞和「教育と労働と社会――教育効果の視点から」『日本労働研究雑誌』５８８、５－15頁、２００９年）[6]。

6　なお、この矢野さんの論文は、工学系の分析結果をベースに記されたものになっています。経済学系の結果については、濱中淳子『検証学歴の効用』（勁草書房、２０１３年）で確認することができます。

学業での成功体験とフットワーク

ここまでの議論を整理しましょう。本書第4章まで、わたしたちは、大学入学以降にどう学ぶか、どのように時間を使うかによって、卒業時に到達できる段階は変わることを確認してきました。ただ、この点に関しては、「大学受験の結果である学校歴で評価される世の中なのだから、大学での学びに意味はないのではないか?」という疑問が投げかけられるかもしれない。そこで、本章(第5章)以降、2つの見解を述べてきました。

第一に、たしかに学校歴にはキャリアを豊かにする効果があり、ある研究によれば、上位15%に入る大学の出身であることが所得向上に寄与することが確認されています。しかし、第二に、大学時代の学びも間接的に所得の向上に影響を与えており、この効果は大学のタイプに関係なく認められています。

さて、ここから取り上げたいのは、これら第一と第二の見解を組み合わせた論点です。つまり、「上位大学の学生ほど大学時代の学びが豊かになる側面がある。学校歴に意味があるのは、「○○大学出身」という看板のみならず、大学時代の過ごし方にも理由がある。だから学校歴は看過できない」――以下、いくつかの観点から説明しましょう。

本書のベースに、2020〜22年度に実施した学生対象のインタビュー調査があることは、すでに説明したとおりです。概要は19ページの図表1に示してありますので、適宜参照してください。このインタビュー調査は、いくつかの異なるタイプの大学に通う学生を対象に実施しました。マオ、ヤスシ、ワカバ、メイ、カズヨシ、リョウヘイは、エリート大学と位置づけたE大学の学生ですが、地元では名の知られた中〜小規模の中堅大学（M1大学、M2大学）、日本の高等教育の裾野に位置するノンエリート大学（N大学）、さらに放送大学の学生からも語りを収集しています。そしてE大学以外の学生、とくにノンエリート大学であるN大学の学生の語りをみると、まず、第3章と第4章で示した2つの条件の1つである〈アウェイの世界に飛び込む〉ことが、高いハードルであることがうかがえます。

理由は大きく2つです。

1つめとして、〈アウェイの世界に飛び込む〉きっかけになりやすいのは、大学のサークルや大学が提供する学習コミュニティ、異文化経験の機会ですが、ノンエリート大学ではこうした場の数がかなり限られていることが挙げられます。たとえば、ノンエリート大学に通うある女子学生（ノリカ）へのインタビューを一部取り上げると、次のような内容でした。

聞き手：何かサークルには入っていた？
ノリカ：いいえ、サークルは入ってないです。
聞き手：最初から入っていないの？
ノリカ：そうです。大学にサークルがあんまりなくて。大学の規模が小さいから……。

日本の大学は、一般的に上位大学ほど規模が大きく、中堅やノンエリート大学ほど小規模になる傾向があります。そして、大規模大学と小規模大学とでは、サークルの数やサークル以外のコミュニティの数も当然ながら大きく異なります。サークルに入りたくても関心をもてるものが見つからない。自分が望む学びの機会がない。地方の街づくりにチャレンジしたいのにそれができる場がない。半年間の留学をしてみたいのに2週間の語学留学しか提供されていない。こういった状況が小規模大学ではより起こりやすいと考えられます。

もちろん、キャンパスのなかで〈アウェイの世界に飛び込む〉入り口をみつけなければならないというわけではありません。キャンパス外の活動、たとえばインターカレッジサークル（大学間のサークル、つまり他大学のメンバーと一緒に活動するサークル。通称「インカレサークル」）などを活用する手も考えられます。けれども、ここにも障壁が存在するようです。ノリカの語りの続きをみてみましょう。

ノリカ：そうですね。ただ、外の大学でサークルをみつけようにも、自分が通っている大学の名前をいう勇気がなくて、行動を起こすことができませんでした。

聞き手：その「勇気がなくて」というのは、この大学の学生にインタビューしていると結構聞く話で……。語弊があるかもしれないけれど、劣等感みたいなかんじ？

ノリカ：そうですね。はい。

聞き手：ただ、大学の名前を求められるような機会って結構あるんじゃないかと思うんだけど、そういうときはどうしているの？

ノリカ：アルバイト先とかですよね。そういうところで聞かれたら、「〇〇（地域名）の大学で」ってごまかして……みたいな。

アウェイの世界に飛び込もうとしても、そのような機会がキャンパス内にない。キャンパスの外で探そうにも、劣等感に阻まれて行動を起こすことができない。結果として、〈アウェイの世界に飛び込む〉チャンスをつかめずにいる。こうした姿から逆に読み取れるのは、E大学のワカバやメイ、カズヨシ、リョウへイらがアウェイの世界に飛び込めたのは、目の前に多様な選択肢が広がる環境に進学できたからであり、また自分自身に自信があったからだといえそうです。カズヨシに関しては、大学内での学部の序列に悩み、その劣等感から就職活動をはじめた時期がありました。ここにノリカと同じ「劣等感」いう言葉がみられます。しかし、カズヨシは、半年の猛勉強でE大学に合格したという大きな自信も抱いていました。この自信があったからこそ、劣等感を覚えたときに、自分の可能性を信じて就職活動に取り組みはじめたと捉えることができるように思います。

上位大学という学校歴は、アウェイの世界につながるルートを広げてくれます。そのため、上位大学の学生の学びは豊かになりやすい。まずはこの点が挙げられます。

助言と協力

アウェイの世界に飛び込んだその先のこととして紹介したいエピソードがあります。東京大学発ベンチャーとしてはじめて東証一部上場企業になったユーグレナ（ミドリムシを使ったサプリメントや食品の製造販売を中心に据え、化粧品の製造販売、航空機向けバイオ燃料の開発なども扱う会社）の中心的立ち上げメンバーである出雲充さんと鈴木健吾さんのストーリーです。出雲さんは1998年に東京大学文科3類に、鈴木さんは1999年に東京大学理科1類に入学し、ともに農学部で学んだ先輩・後輩になります。出雲さんの〈アウェイの世界に飛び込む〉経験から話をはじめましょう。

出雲さんは18歳の夏、はじめての海外となるバングラディシュにいました。グラミン銀行でのインターンシップに参加するためです。出雲さんは「貧困や飢餓で苦しんでいる人を助けたい」という思いをもっており、たくさんのクッキーをもっていきました。

ところが、現地でみた景色は、想像していたものとはかけはなれたもの。問題は「飢え」ではなかったのです。バングラディシュには、米や小麦がたくさんあり、おなかは満たされている。問題は、炭水化物以外の栄養源が圧倒的に不足していることでした。出雲さんはアウェイに飛び込み、観察したからこそ、食料問題の本質にたどりついたといえます。

さて、〈アウェイの世界に飛び込む〉ことの先に話を進めましょう。

出雲さんは食料問題、栄養問題を解決するために、ややイレギュラーなパターンではありますが、文科3類から農学部への進学を決意します。そして農学部でさまざまな栄養素が詰まった食材を探しはじめました。けれどもなかなか見つからない。そこで農学部の1年後輩にあたる鈴木さんにこの話をしたところ、鈴木さんから、「微細藻類ユーグレナ（ミドリムシ）はどうか？」」という提案が返ってきました。動物と植物の間の生き物であるユーグレナであれば、問題が解決できるかもしれない。ただ当時、ユーグレナの屋外大量培養は、世界中のどの研究者も実現できないという難問でした。出雲さんと鈴木さんは会社を立ち上げ、来る日も来る日も培養技術の研究に取り組みます。そしてその熱意が、ユーグレナ研究の権威である中野長久さん（当時、大阪府立大学教授）を動かします。「若いふたりに力を貸してやってくれ」と日本中の関係者に連絡をしてくれたのです。出雲さんと鈴木さんは全国を歩き回り、助言やデータの提供という協力を得て、研究と実験を蓄積、最終的にユーグレナの培養を成功させます。

さて、このエピソードで特に強調したいのは、出雲さんが周囲の学生や専門家から重要な助言や協力を得ているという点です。というのも、この「周囲の学生や専門家からの重要な助言や協力」も、学校歴と大いに関係しているからです。

まず、「周囲の学生」についてですが、学びや研究に関して周囲の学生に相談できるというのは、いうまでもなく、相談したいと思える学生が周りにいることを意味します。学んでいる友人、先輩、後輩だからこそ相談してみようと考えるわけです。そして、こうした環境はやはり上位大学で成立しやすい傾向があります。私たちのインタビュー調査でも、学びに関する語りで友人や先輩、後輩の名前が挙がるのはE大学の学生が中心であり、中堅大学やノンエリート大学の学生からはほとんど聞かれませんでした。

そして、「専門家」についてですが、これに関連して紹介したいのが、2019年4月に日本武道館で行われた東京大学の入学式での、当時総長であった五神真さんの式辞です。五神さんは式辞のなかで、出雲さんと鈴木さんの事例を取り上げ、ユーグレナの成功要因のひとつとして、次の点を挙げていました。

（…）第二は、東京大学が創りあげてきた信用です。鈴木さんも出雲さんと共に、ミドリムシ研究を進めるにあたって、多くの人たちを訪ねました。出会ったどの方も、東大の学生ということで、最初からきちんと話を聞いてくれた、それが大変ありがたかった、と振り返っています。東京大学の学生となった皆さんもこれから様々な場面で、そうした親切を経験されると思います。これは私達、東京大学のメンバーのとても大きな共有財産であり、大いに活用すべきです。しかし、東京大学という「銘柄」に甘えたり、よりかかったりするようではいけません。身を引き締め、自分自身の決意を新たにする機会だと受け止めてください。なぜなら、それはこれまでの数多くの先輩たちが、真摯に学問に取り組み、自らの力を高めることで創りあげてきた「信用」だからです。そして、この「信用」という東大の資源をさらに豊かなものにして、それを後輩に引き継いでいく大きな責任を負うことになったということを忘れてはなりません。

歴史があり、周囲から「信用」を培ってきた大学の学生になることで、学びを広げるために第三者の手を借りる際に、スムーズに物事を進めやすくなる。そういった趣旨です。

急ぎ断っておきたいのは、専門家をはじめとする大人たちが、学生の所属大学によって依頼を引き受けるかどうかを決めているわけではないだろうということです。むしろ、多くの大人は学生からの真剣な依頼を断らないでしょうし、少なくとも力になれるならと考えるはずです。しかし一方で、助言を求められるような立場の大人たちには、多忙な生活を送っているという現実もあります。誰の助言依頼にどれだけの時間を割くか、その判断のなかで、心苦しくも「信用」をもとに線引きをしてしまうこともあるかもしれません。

表現を変えれば、上位大学という学校歴に支えられて学ぶことは、「効率がいい」のです。学びや研究で悩んだとき、相談したい友人が容易に見つかる。先輩が築き上げてきた信用のおかげで、描いた道に進む障壁に悩まずに済む。こうしたメリットを指摘することができると思います。

過去の自分との相対化は大きなエンジン

学校歴の意味については、さらに別の角度からも考えることができます。ここで、インタビュー調査で得られたE大学の学生であるアキラとヨシナオの語りを紹介しましょう。

アキラ：E大学にずっと憧れていて。で、無事に合格して入学したんですけど、燃え尽きたじゃないけど、ちょっと堕落して遊んじゃったんですよね。

聞き手：授業とかに身が入らない、と……。

アキラ：寝てたりとかして。でも、だんだん自分の専門の勉強はちゃんとしたいなと考えて、自分のモチベーションを高めることができる場所を探しはじめて。2年の秋ぐらいですね。

聞き手：やる気がふつふつとわいてきた、みたいな？

アキラ：そう、わきはじめた。「あんなに頑張ったんだから、ちゃんとやらないとな」という気持ちになって。

＊　　＊　　＊

聞き手：ヨシナオさんは、4年生のいま、専門の勉強をかなり頑張っていると思うんだけど、そんなヨシナオさんでも、だらけてしまった時期があったと？

ヨシナオ：はい。入学してしばらくは何もしてなくて、プラプラしていたんです。でも、1年生の7月ぐらいに「自分、何のためにここにいるんだろうな」

って思って。でも夏休みも遊んじゃって。で、夏休みが終わったとき、「夏休みも何もしてないじゃん。何も残ってないじゃん。E大学に入るためにあんなに努力したのに、何しているんだろう」と後悔の念に駆られて。で、秋学期になったら、ラッキーだったたと思うんですけど、面白い授業がたくさんあって。で、モチベーションも自然とあがったんですよ。持ち直した、みたいな。

塾や予備校のWEBサイトによると、E大学レベルの大学に合格するには、受験までに2500〜3000時間の勉強が必要であり、高校3年次には平日5〜8時間、休日や長期休みには9〜10時間ほどの学習時間が求められるとされています。半年間の受験準備で合格したカズヨシは、「呼吸している間は、ずっと勉強」と表現していましたが、どの学生も相当な勉強量をこなして合格に至ったと推測されます。

ここで大事なのは、目標に向かって大きな努力をした経験があると、一時的にゆっくりした時期があっても、やがて迷いや焦り、もどかしさをかんじ、再び学ぶことに向き合いはじめるという点です。過去の自分を思い出すことが、大きなエンジンとなるわけです。

そして、この文脈で付け加えておきたいのは、中堅大学やノンエリート大学の学生にはこうした傾向がみられなかったことです。かれらから受験準備の苦労について語られることはなく、ひいては「あんなに頑張ったのに……」という語りも出てきません。誤解を避けるためにいっておくと、中堅大学やノンエリート大学にも意欲的に学んでいる学生はいます。しかし、切実さや懸命さという点でやや弱く、「素直で頑張っている」という印象にとどまります。大学時代にアクセル全開で学ぶためには、その前に一度、どこかでアクセル全開の学びを経験しておく必要があるのかもしれません。これは、先に紹介した矢野さんの「学び習慣仮説」にも通じる点です。

以上を、「学校歴そのものよりも、上位大学という学校歴にたどりつけるほどの学びが大事である」という示唆だとみることもできるでしょう。同時に、結果が伴ったからこそ、過去の自分の学びを肯定的に捉えられるという側面もあるはずです。内在的なエンジンをもつという意味で、学校歴は重要。総じてこのようにまとめられるのではないでしょうか。

高卒の経営者が教えてくれること

〈アウェイの世界に飛び込む〉ことも、その先の学びを深めることも、意欲が低下したときに抜け出すことも、上位大学の学生は、学業の成功体験や大学の環境、周囲からの評価によって有利に進められる。学校歴のメリットは「学びの豊かさ」を含めて理解しなければならない——本章の内容はこのようにまとめることができると思います。学校歴には、それをつかむまでの経緯を含め、看板以上の意味がある。だから無下にはできないのです。

ただ、締めくくりとして、以上のことを反転させることでみえてくる知見について触れておきたいと思います。

学びを豊かにするために大事なのは、〈アウェイの世界に飛び込む〉こと、助言や協力が必要な場面でそれを得ようと動くこと、そして学ばなければならないと思ったときに自分を奮い立たせることです。たしかに学業での成功体験や環境からの後押しがあれば取り組みやすくなりますが、それがなければできないわけではありません。

　こうした視点に立ったとき、いつも思い出すのは、とあるシンポジウムでパネリストとしてご一緒した高卒経営者の方の発言です。そのシンポジウムは「学歴の効用」をテーマにしたものでしたが、その高卒経営者の方は、「大卒のメリット前提で話が進んでいるけれど、自分は高卒だが、大卒に負けないくらいのことはやっている。このあいだはじめた新しい事業も順調に回っている。大卒学歴がどれほどの価値があるのか？」と発言されました。

　平均的にみれば、大卒は高卒よりも「活躍」している、あるいは「活躍」する機会に恵まれているといえます。さきほど所得は労働市場におけるその人の価値を反映していると述べましたが、独立行政法人労働政策研究・研修機構（ＪＩＬＰＴ）の報告書によれば、男性の生涯賃金（引退まで、退職金を含む、２０２０年）は、高卒２億５４００万円ほどであるのに対し、大卒・大学院卒は３億２８００万円ほど。両者のあいだには７４００万円ほどの差があります。

　しかし、これはあくまで「平均的にみれば」の話です。いうまでもなく、大卒以上に活躍している高卒の方もいれば、大卒より高い賃金（所得）を得ている高卒の方もいます。先ほどの高卒経営者の方は、まさにこうしたケースに当てはまるでしょう。この経営者の話を聞いていると、なるほどと思わされます。勉強熱心で、技術や経済の変化に敏感で、さまざまな場所に出かけて刺激を受け、新事業の立ち上げにも積極的。軌道に乗せるために多くの人の知恵を借り、粘り強く取り組むエネルギーをもった方だったからです。

上位大学に入れば、〈アウェイに飛び込む〉機会が見つけやすく、効率的に学びを進められ、また大学入学までに内蔵させた「学びのエンジン」を起動させることができます。しかし、高卒経営者の方の話は、高い学校歴や大卒学歴すら必須ではないことを教えてくれます。上位大学の学生でなくても、アウェイに飛び込もうと思えば飛び込めますし、万一効率が悪かったとしても学びを展開させることはできます。何より、学び続けていれば人脈もでき、効率も上がっていくはずです。受験勉強で得たエンジンも必須ではありません。行動を起こせばいいだけです。

「学校歴のせいにしてはいけないし、いい大学を出たからといって、学習を忘れれば、教育の効果は縮小する。学歴や学校歴だけに囚われず、教育の機会を真摯に活用し、学生の本分を忘れない努力が、将来のキャリアを豊かにする」――本章の最後に、「学び習慣仮説」を提唱した矢野さんの言葉をいまいちど引いておきたいと思います。

エピローグ

キーガン著『なぜ人と組織は変われないのか』の議論

本書では、6人の学生の学びの物語を中心に、発達心理学者であり米国ハーバード大学教育学大学院教授のロバート・キーガン氏が提唱した「構造発達理論」を参照しながら、大学でどう学ぶかを考えてきました。

6人の学生には発達段階に違いがみられ、それぞれの物語と発達段階を比較することで、段階を上げていくために必要な条件を確認しました。抽出された条件は2つ。〈アウェイの世界に飛び込む〉ことと〈教員を活用する〉ことです。

アウェイの世界に飛び込まなければ、高校時代の延長のような学生生活を送りかねません。知的刺激に囲まれる状況に身を置き、「知りたい」という気持ちを経験し、関心に突き動かされ、大学教員と多く話すことで学びが深まります。大学教員から「なぜ?」「本当にそうなのか?」といった問いを多く浴びることで、より高い段階に到達する。そのような姿を本書では共有してきました。

ところで、いうまでもなく、キーガン氏自身もまた成長を促す方法について検討を重ねています。その内容は『なぜ人と組織は変われないのか――ハーバード流自己変革の理論と実践』（英治出版、訳書2013年）などにまとめられていますが、キーガン氏の議論には「大人」を念頭に置いているという特徴があります。

本書では大学時代を扱っているため、むしろリアルな大学生たちの姿から成長の条件を考えるほうが良いと判断し、オリジナルな検討を加えましたが、ここでキーガン氏の考えにも触れてみたいと思います。キーガン氏の議論とその方法のポイントは、次のとおりです。

（1）発達心理学では、長らく「知性の発達は思春期で終わる」と考えられてきたが、それは誤りであり、大人になっても知性は成長する。ビジネスの複雑化をふまえると、たゆまざる知性の深化が求められる。

（2）大人の知性は3つの段階に区分される。①他人の指示や社会の基準によって行動を決定する従順な「環境順応型知性」、②自分の価値基準があり、その基準に従った判断や選択ができる「自己主導型知性」、③自分の価値基準はもちつつも限界があると捉えており、多様な価値基準を汲《く》み取りながら意思決定をすることができる「自己変容型知性」の３つである（図表11）。

（３）知性の段階が上がることが「成長」となるが、進むほど次の段階に到達するには時間がかかるようになる（成長が難しくなる）。そこで成長を促す方法として開発されたのが「ＩＴＣ（Immunity to Change）」であり、いわば「免疫マップ」を作成する作業である。具体的には、①改善目標は何か、②それを阻害する行動は何か、③疎外行動をとってしまう裏の目標は何か、④裏の目標の理由となる強力な固定観念は何か、の４つを炙《あぶ》り出し、固定観念を問い直すことで行動を変えていく。

（４）これらの作業を組織のリーダーや社員が行い、それぞれが自らの弱さをさらけ出し、周りからのフィードバックを受け入れやすい文化を整えることができれば、個人も成長し、ひいては組織も変わっていく。

なお、図表11の「環境順応型知性」「自己主導型知性」「自己変容型知性」はそれぞれ103ページの図表6で示した「発達段階3：対人関係的な自己」「発達段階4：システム的な自己」「発達段階5：個人間相互的な自己」に対応しています。

そのうえでキーガン氏は、人間の知性を高めるためには「適度な葛藤」が必要であり、その要素として次の4点を挙げています。

①なんらかの挫折、ジレンマ、人生の謎、苦境、または私的な問題などに悩まされ続けること。
②それを通じて、現在の認識アプローチの限界を感じること。
③自分にとって大切な局面で、その限界を痛感する経験をすること。
④適度な支援を受けることで、葛藤に押しつぶされず、またその重圧から逃れることもできない状況に身を置くこと。

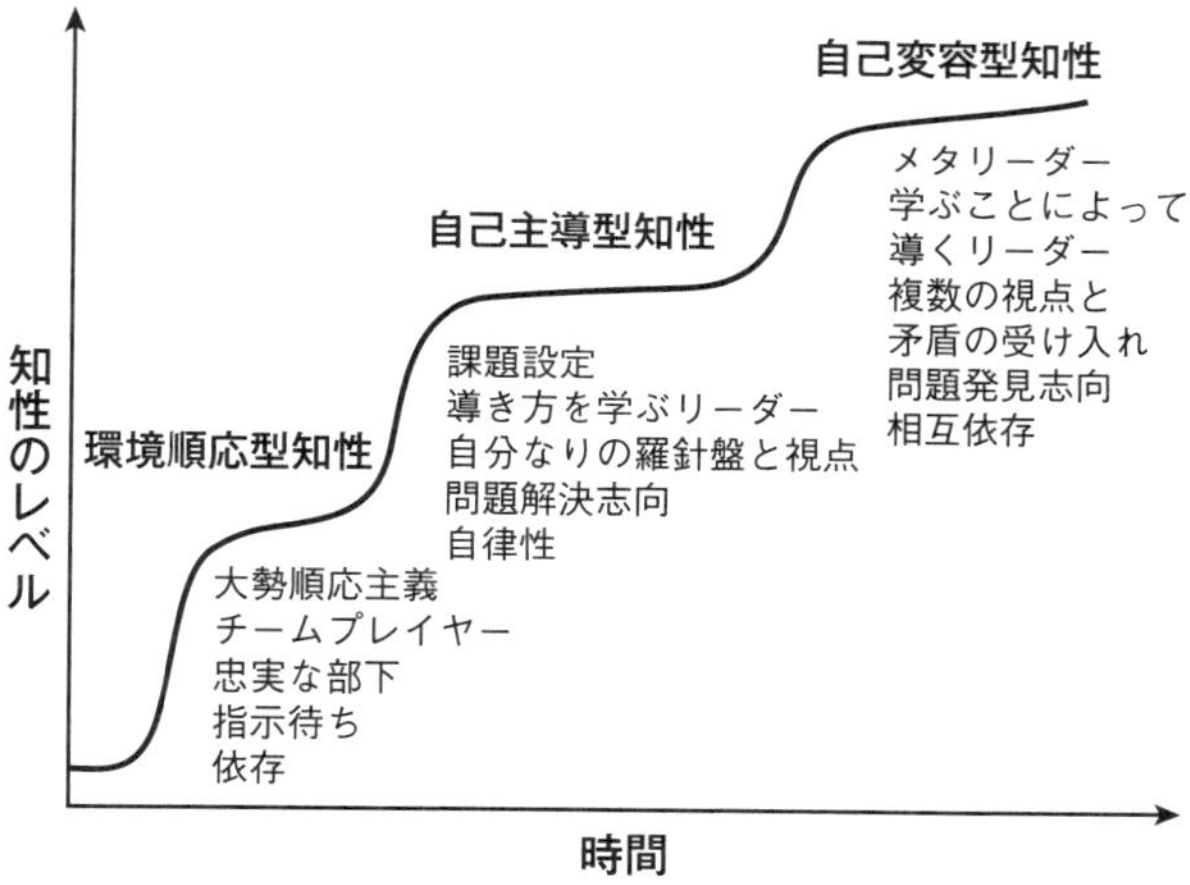

図表11　大人の知性の3つの段階

注：『なぜ人と組織は変われないのか』掲載図を参考に作成

換言すれば、免疫マップを描くＩＴＣ（Immunity to Change）は、これら４つの要素を満たす方法であり、それゆえに個人、ひいては組織の成長が見込まれるということなのでしょう。この手法は日本でも注目され、講演会やセミナー、ワークショップなどが多数開催されています。

「適度な葛藤」と2つの条件

本書では、キーガン氏自身が考案したＩＴＣ（Immunity to Change）とは異なる方法、すなわち〈アウェイの世界に飛び込む〉ことと〈教員を活用する〉という２つの条件を示しました。ただ、ここで急ぎ強調したいのは、ＩＴＣが「適度な葛藤」を生み出すように、これら２つの条件もまた「適度な葛藤」を生み出す方法であるということです。この点で両者には共通点があるといえます。

葛藤の１つめである「なんらかの挫折、ジレンマ、人生の謎、苦境、または私的な問題などに悩まされ続けること」は、〈アウェイの世界に飛び込む〉ことで経験する確率がかなり高まります。これまで接してこなかったような人々と関わり、新しい課題にチャレンジするなかで、挫折やジレンマ、疑問、摩擦といったものが生まれてくるからです。そして、この1つめの葛藤を経験し、自分の常識を見直すことが、2つめの葛藤である「それを通じて、現在の認識アプローチの限界を感じること」へとつながっていきます。

ただ、「つながっていく」と書きましたが、自分の常識の何が限界なのか、それに気づくことはそう容易ではありません。常識とは、その人にとっての「当たり前」であり、「当たり前」を疑うこと、さらに3つめの葛藤にある「その限界を痛感する」ことを自分ひとりの力でやろうとしても、なかなか難しいものです。

ここで、大学教員というアクターが加わることを想像してみてください。大学教員は研究者として、自らのテーマについて「なぜ?」や「本当にそうなのか?」を考え続ける存在です。いわば疑いの名人であり、その胸を借りることで、自分の「常識」と向き合いやすくなるはずです。

カズヨシの物語を思い出すと、具体的にイメージできるかもしれません。

カズヨシが参加した東南アジアでのフィールドワークでは、毎晩、その日の支援活動について報告する会が数時間にわたり行われました。そこでは、担当教員のO先生から「何が問題なのか?」「なぜそれが問題なのか?」「本当にそれが問題なのか?」さらには「あなたの報告はこう言い換えられるが、それで良いのか?」といった問いが次々と投げかけられました。カズヨシは「頭が沸騰しそうな時間だった」と振り返っていますが、その経験を通して、「自分がしたいことをすべき」という姿勢の限界に気づき、「相手が求めていることをすべき」という視点へと考え方を転換しました。

また、カズヨシの場合、タイミングの良さも強調されます。ちょうど「自分を見直す機会がほしい」とかんじていた時期にフィールドワークに参加できたからです。とはいえ、そうしたタイミングでフィールドワークに出会えたのも、カズヨシ自身がそのような行動を取っていた結果であることを忘れてはなりません。

そしてもう一点、「適度な葛藤」の要素の一つである「適度な支援を受けることで、葛藤に押しつぶされず、またその重圧から逃れることもできない状況に身を置くこと」に関して、大学という環境が適していることを指摘しておきたいと思います。大学教員は研究者であると同時に教育者でもあります。こうした大学教員からの「なぜ?」「本当にそうなのか？」といった問いは、第4章でも述べたように、単なる【手段】としての問いではありません。「多角的に思考できる力を育んでほしい」「複数の根拠に基づいて判断する力を身につけてほしい」といった期待を込めた【目的】としての問いです。

教員は、学生に思考をフル回転させることを求め、厳しく問いかけるときには攻める姿勢で臨みますが、決して見放すことはなく、必要に応じて支援や助言を行います。これが大学教員による指導であり、大学教育の本質です。

「学校は失敗してもよいところ」というフレーズをよく耳にしますが、大学も学校です。大学教員とのやりとりのなかで「失敗した」とかんじることがあるかもしれませんが、教員にとってそれは想定内のことです。キーガン氏が「進めば進むほど（知性の）次の段階にいくのには時間がかかる」と述べたように、大学教員も教育を長期戦だと考えています。たとえ「失敗した」とかんじたり、手応えが得られなかったりしたとしても、再びチャレンジすればいいだけです。教員は、喜んでその再挑戦を受け止めます。

長期戦という視点に関連して、第4章で述べた「学部の低学年から」の取り組みの重要性についても再確認しておきたいと思います。アウェイの環境に飛び込み、教員を活用して「適度な葛藤」を生み出すことは大切ですが、そこから実際に成長するためには時間が必要です。4年間は長いようで、あっという間。のんびりしたり、さまざまなことに思いを巡らせたり、趣味に打ち込んだりすることも重要ですが、気がつくとキャンパスでの時間は残りわずかということになりかねません。

また、キーガン氏が「大人の成長」として論じている内容は、大学時代に実現可能である点もおさえておくべきです。アウェイの世界に飛び込み、教員を活用することで、発達段階を段階2から3、4へと進め、環境順応型知性から自己主導型知性、もしかしたら自己変容型知性へと成長することができるかもしれません。これは社会人になる準備として大きな意味をもつものです。「適度な葛藤」を生み出すために、ぜひ早い段階から積極的に行動してみてください。

学びを「強制」できない日本の大学

さて、ここまで、調査データ、そして教員として学生と接してきた経験、授業の経験をもとに、私なりの「大学でどう学ぶか」を記してきました。もちろん、調査分析には限界があり、私の経験も限られたものです。そもそも２０２３年度現在、日本には８１０の大学・大学院（文部科学省『学校基本調査報告書』より）が存在しています。大学も学生も多様。そのため、本書では触れられなかった重要なポイントも多くあるでしょう。しかし、大学生活のスタートに立つとき、簡単でもよいから道標がほしいとかんじることもあるのではないでしょうか。本書が、そのような道標としての役割を果たせればと願っています。

そろそろ締めくくりに入りたいと思いますが、最後にもうひとつ伝えておきたいことがあります。ここで示した道標は、あくまで日本の大学の現状を前提に描いたものだという点です。大学という環境が変われば、豊かな学びを築くための条件も必然的に変わってきます。具体的なイメージをもって説明することが必要かもしれません。ここで、社会学者の苅谷《かりや》剛彦《たけひこ》さんの議論を紹介したいと思います。

苅谷さんは、東京大学教育学部で教育社会学を専攻し、大学院に進学。修士号を取得後、アメリカに渡り、ノースウェスタン大学大学院でPh.D（社会学）を取得しました。その後、帰国して１９９１年から東京大学教育学部で教鞭《きょうべん》をとり、２００８年にはイギリスのオックスフォード大学に移り、社会学と現代日本社会論を教えてきました（なお、苅谷さんは、２０２４年10月、特任教授として上智大学に赴任されています）。苅谷さんは、このような豊富な経歴を通じて、日本のみならず、海外の大学の特徴を多くの媒体で指摘してきましたが、ここで取り上げたいのは、その指摘の一部です。苅谷さんが『オックスフォードからの警鐘――グローバル化時代の大学論』（中公新書ラクレ、２０１７年）で述べている次の点に注目したいと思います。

苅谷さんによると、オックスフォード大学の教育の特色は「チュートリアル」にあります。チュートリアルとは、学生２～３人に対して１人の教員が毎週行う個別指導のことで、学生に多くの文献を読ませ、エッセイを書かせ、それをもとに議論することが繰り返されます。これは学生に大きな負担を課す「良き伝統」として信頼されている教育方法であり、「強制による主体（subject）づくりの学習」として位置づけられています。一方で、苅谷さんは日本の大学について、講義中心のカリキュラムであること、講読や論文執筆の負荷が依然として小さいこと、そして公平さや客観性を重視するあまり、個々の学生の顔をみえにくくする学習が特徴的だと指摘しています。

イギリスの教育が「強制による主体（subject）づくりの学習」に特徴があるとすれば、日本の大学にはその特徴がないといえます。つまり、イギリスの教育には「強制」が存在し、日本の教育にはそれがないのです。ただ、「強制がない」というよりも、「強制できない」と表現するほうが正確かもしれません。苅谷さんは、別の著書『イギリスの大学・ニッポンの大学――カレッジ、チュートリアル、エリート教育』（中公新書ラクレ、2012年）のなかで、オックスフォード大学でこのような個別指導が可能なのは、豊かな財源があり、教員1人あたりの学生比率を低くおさえられているからだと説明しています。

一方で、日本の大学には残念ながらこのような財源がなく、教員1人あたりの学生数が多くなりがちです。その結果、講義中心のカリキュラムになり、教員が担当する授業数も増えてしまいます。これにより、教員が個々の学生に十分目を配ることが難しく、「強制しない教育」しか提供できないのが現状です。

学生の主体性に依存

最後に断っておきたいこととは、本書で示した〈2つの条件〉が、「強制しない教育しか提供できない」という前提に基づいて抽出されたものだということにほかなりません。〈アウェイの世界に飛び込む〉ことや〈教員を活用する〉ことも、学生自身が主体性をもって動くことを求めるものになっています。では、なぜ学生の主体性が必要なのでしょうか。それは、限られた財源や個別指導が難しい一対多数の教育環境では、学生から動いてもらわないことには、充実した学生生活を保障することが難しいからです。

逆にいえば、オックスフォード大学のような教育環境で豊かな学びを展開するには、こうした条件は必要ないのかもしれません。学生の主体性など関係ないところで、主体性を育むためのトレーニングが徹底的に行われるからです。アウェイの世界に飛び込まなくても、そして学生自らの力で「知りたい」にたどりつかなくても、「知る」ための時間は強制的に設定される。教員を活用しようという考えが入る余地もなく、教員との密な関係性が構築される。イギリスと日本のあいだには大きな差があります。

なお、日本とイギリスの差に関しては、大学入学者選抜の面接試験にみることもできます。

日本の大学の入学者選抜で面接試験が行われる場合、多くは「高校時代の経験」を深掘りする質問が中心となります。たとえば、「何について学んだのか？」「なぜ、それを学ぼうと思ったのか？」「どのような行動をとったのか？」といった内容です。一方、オックスフォード大学の面接試験では「高校時代の経験」が問われることはほとんどなく、考えさせる哲学的な問いが提示されます。受験者がその問いにどう取り組むのか、どのように答えを導こうとし、教員にどんな質問を投げかけるのか、といった点を確認しながら合否が判断されるそうです。

片や「高校時代の学びをめぐる経験」を問い、片や「目の前にある課題への取り組み方」を問う。この違いを次のように理解することもできるでしょう。つまり、日本の大学では、受験生が主体性を備えた学習者であるのかを知りたくて「高校時代の学びをめぐる経験」を確かめている。対して、オックスフォード大学の面接試験では、トレーニングの場面がどうなるかをイメージしながら選抜している。そしてこのような差異がでる背景には、当然ながら両者の教育体制の違いがある[7]——。

やや深読みかもしれませんが、日本の大学は、オックスフォード大学のように「強制」を伴う働きかけをすることができていません。意図的にしていない側面があるのかもしれませんが、いずれにせよ日本の大学教育には「強制」という側面がほとんどみられません。そのため、学生時代をどのように過ごすか、どのような時間になるかは、学生の主体性にかかっているわけです。

「大学でどう学ぶか」は与件ではない

オックスフォード大学の事例を持ち出したのは、比較を通じて日本の大学の特徴を浮き彫りにしたかったからです。しかし、それだけではなく、大学教育のあり方がひとつではないことを意識してほしいという意図もありました。

オックスフォード大学との比較で、教員1人あたりの学生数や財源に触れたのは、これらの要素が教育のあり方を大きく左右するからです。少人数制や豊富な財源があれば、教員は個々の学生に対して密度の高い指導を行うことができ、ある程度の「強制力」を伴う教育が可能になります。つまり、逆にいえば、日本の大学も、教員1人あたりの学生数や財源を改善すれば、学生の主体性に頼るだけでなく、より積極的な教育へと転換することが可能だということです。

財政が決して豊かではない日本にとって、この転換が容易でないことは確かです。しかし、可能性がゼロというわけではありません。OECDが発表している「国内総生産（GDP）に占める高等教育機関への公的支出の割合」の国際比較をみると、日本が大学などに投入している公的資金がかなり少ないことがわかります（図表12）。少子化や大学進学率の事情も反映していますが、大学教育をどれほど重視するかという考え方、社会の総意の違いも示しています。同時に、大学の役割を重視する国は多くの資源を教育に充てますが、重視しない国では資源の配分が少なくなります。いまの日本は、大学教育の役割をさほど重視しない路線を進んでいるということです。

大学教育のあり方に影響を与える要因はほかにもいくつか考えられます。たとえば、

7　ここで触れているオックスフォード大学との比較に関する記述は、私自身が関わった東京大学高大接続研究開発センターの研究プロジェクトとして実施した訪問調査をベースにしています（その詳細は、濱中淳子「研究大学の高大接続――英国オックスフォード大学の訪問調査から」『大学評価研究』18、45-51頁、2019年）。

大学入学者選抜（大学入試）をどのように設計するか、どれぐらいの、どのような学力を求めるのか。また、学部教育でどの程度の専門教育を扱うのか、大学院教育との関係をどうするのかといった点も重要です。さらに中退や留年に対する方針、成績評価の厳格さ、社会人の学び直しや就学支援の制度設計も大切な要素です。こうした教育制度のあり方は、各国さまざまであり、それもやはり、それぞれの社会が大学の役割をどう捉えているかに深く関係しています。

繰り返しになりますが、大学教育のあり方はひとつではありません。それは、社会が大学をどのように位置づけるかという捉え方に根差した「選択」によるものです。たとえば、知識の習得を重視する入試と、論述力を重視する入試では、大学入学後の学び方も異なります。また、学部段階で教養や基礎を重視し、大学院で高度な専門教育を行うか、それとも学部から高い専門性の獲得を目指すかによっても、学び方は変わります。

さらに、成績が伴わなければ中退させられてしまうことが前提の教育とそうでない教育とでは、学生の学び方も異なるでしょう。社会人になっても大学で学び続けることが一般的な環境とそうでない環境とでは、教育のあり方や学び方も変わってきます。これ

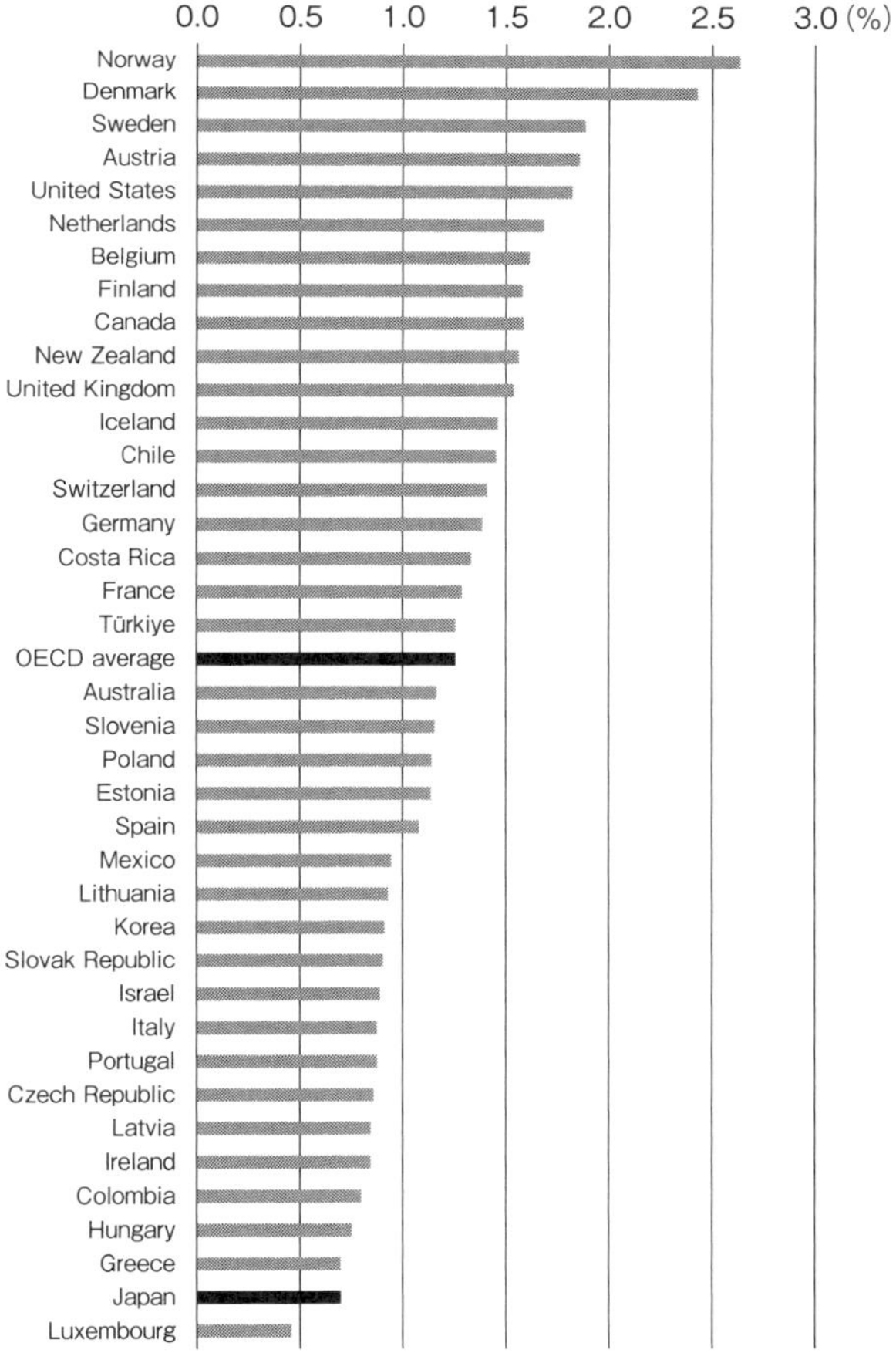

図表12　国内総生産（GDP）に占める高等教育機関への公的支出の割合

注：OECD インディケータ『図表でみる教育』（2023 年版）より筆者が作成

らはすべて、大学教育に関する「選択」なのです。

現在のように、学生の自主性に依存した大学教育を貫くことも、ひとつの「選択」ではあります。ただ、これまで大学教育を研究し、大学で授業を行ってきた私個人の意見をいえば、その選択では立ち行かない未来が待っているように思います。

大学に進学すると、戸惑いや葛藤を抱える場面もあるでしょう。そうしたときには、ぜひ本書で示した〈アウェイの世界に飛び込む〉ことと〈教員を活用する〉という2つの条件を思い出してみてください。そして、自分の大学時代を振り返ることができるようになったタイミングで、「大学とは何だったのか」、さらには「大学が社会にとってどのような意味をもつのか／もつべきなのか」を考えてみてください。

これからの大学がどうなっていくのか、大学でどう学ぶかは、決して与件（自分以外の誰かから与えられる事柄）ではありません。若い世代の皆さんの「選択」であり、社会で築き上げていくものなのです。

あとがき

中高生に向けた大学での学び方の指南書は、これまでにもたびたび出版されてきました。プロローグで触れた溝上慎一先生の『大学生の学び・入門――大学での勉強は役に立つ!』(有斐閣アルマ、2006年)もそのひとつですが、古くは歴史学者の増田四郎先生が1966年に上梓《じょうし》された『大学でいかに学ぶか』(講談社現代新書)、社会学者の加藤諦三先生が1979年に上梓された『大学で何を学ぶか――自分を発見するキャンパス・ライフ』(光文社、のちにベスト新書で再刊行)、経済学者の隅谷三喜男先生が1981年に上梓された『大学でなにを学ぶか』(岩波ジュニア新書)、科学史家の中山茂先生が2003年に上梓された『大学生になるきみへ――知的空間入門』(岩波ジュニア新書)、最近のものとしては文化人類学者の上田紀行先生を中心に東京工業大学でリベルアーツ教育を担当する研究者たちが2020年にまとめた『新・大学でなにを学ぶか』(岩波ジュニア新書)などが挙げられるでしょうか。指摘するまでもなく、執筆者は、いずれもご高名な先生方ばかりで、逆にいえば、こうした先生方だからこそ、大学での学びがどういうものなのか、それを根底から考えさせるようなものを書くことができるということなのだと思います。

そうしたなか、同じ問いを扱った書籍を、若輩者である私が記していいものなのかどうか、かなり悩みました。いまでも迷っているところがあります。にもかかわらず、出版を決意したのは、次の3つの理由からでした。

第一の理由は、既存の指南書の多くがかなり前に書かれているという点です。大学進学率でみると、1960～80年代はわずか1～2割台半ばでしたが、現在では約6割にまで上昇しています。さらに、社会経済の状況も大きく変化しています。そのため、いまの時代に合った「大学での学び方」を示すこと、たたき台のような形でも良いので提示することに意義があると考えました。

第二の理由は、研究者志望ではなかった私だからこそ紡ぎ出せるストーリーがあるのではないかと思ったからです。実をいうと、私は将来のことをあまり考えずに大学に進学し、入学してからしばらくは、ゆったりとした時間を過ごしていました。授業には出るけれども、熱心というわけでもない。そんな私が、なぜ「研究者」を志すようになったのか。それは、教育社会学という学問自体の面白さを知ったからでもありますが、振り返ってみると、研究に取り組みはじめてから、自分でできることが増えていく実感を得たからではないかと思います。学部時代の学び方は、研究と結びつけて語られることが多いですが、そうした語りを私なりにまとめたいという気持ちがありました。

そして第三の理由は、インタビュー調査に協力してくれた学生たちの語りを活用したい、活用しないと申し訳ないとかんじたからです。「はじめまして。本日はよろしくお願いします」からはじまる調査は、最初こそ少し遠慮気味で進みますが、次第にかれらがキャンパスで何を考え、どう過ごしているのか、そのリアルな思いが生々しく語られる場へと変わっていきます。学生たちが抱えている葛藤や悩み、そしてそこからどのように足掻《あが》いてきたのかを一生懸命に話してくれた姿は、いまでも脳裏に焼き付いています。これらの語りを何とか形にしたいという思いが、私の背中を押してくれました。

2022年の初夏、筑摩書房の橋本陽介さんから、大学での学びを扱った中高生向けの本を執筆しないかというご提案をいただきました。学生へのインタビュー調査も終盤に差し掛かったころのことで、悩みながらも、調査データから浮かび上がる学び方をまとめるというのはどうかと提案してみました。橋本さんから「ぜひそれでいきましょう」と背中を押していただいたので執筆を始めたのですが、私の力不足ゆえに原稿ができあがるまで、2年以上もかかってしまいました。なんとか出版にまでたどりつけたのは、橋本さんの辛抱強い励ましと支えがあったからです。また、脱稿してからは、甲斐いづみさんに大変お世話になりました。おふたりに心からの感謝を申し上げます。

大学でどう学ぶか。先人たちのような高尚な議論はできていませんが、実際の学生たちの姿、現場に近い目線からまとめることにはこだわったつもりです。このこだわりから生み出された本書の価値は、読者の皆さんの判断にゆだねるしかありません。もし、本書が大学時代の過ごし方を考えるきっかけになれば、筆者として望外の喜びです。

2024年11月1日

濱中淳子

ちくまプリマー新書

412
君は君の人生の主役になれ
鳥羽和久
管理社会で「普通」になる方法を耳打ちする大人の中で育ち、安心を求めるばかりのあなたは自分独特の生き方を失っている。そんな子供と大人が生き直すための本。

238
おとなになるってどんなこと?
吉本ばなな
勉強しなくちゃダメ? 普通って? 生きることに意味はあるの? 死ぬとどうなるの? 人生について、生まれてきた目的について吉本ばななさんからのメッセージ。

408
難しい本を読むためには
山口尚
ページを開いてもわからないものはわからない。そんな本に有効なのは正攻法の読み方だ。キーセンテンスの探し方から読書会まで、いままでにない読書法を教えます。

453
人生のレールを外れる衝動のみつけかた
谷川嘉浩
「将来の夢」「やりたいこと」を聞かれたとき、なんとなくやり過ごしていませんか? 自分を忘れるほど夢中になれる「なにか」を探すための道標がここにある。

099
なぜ「大学は出ておきなさい」と言われるのか
――キャリアにつながる学び方
浦坂純子
将来のキャリアを意識した受験勉強の仕方、大学の選び方、学び方とは? 就活を有利にするのは留学でも資格でもない! データから読み解く「大学で何を学ぶか」。

ちくまプリマー新書

105 あなたの勉強法はどこがいけないのか？　西林克彦

勉強ができない理由を、「能力」のせいにしていませんか？「できる」人の「知識のしくみ」が自分のものになる方法を、認知心理学から、やさしくアドバイスします。

197 キャリア教育のウソ　児美川孝一郎

この十年余りで急速に広まったキャリア教育。でも、正社員になれればＯＫ？　やりたいこと至上主義のワナとは？　振り回されずに自らの進路を描く方法、教えます。

277 先生は教えてくれない大学のトリセツ　田中研之輔

大学の４年間どうやって過ごしますか？　なんとなく講義を受けているだけではもったいない。卒業後どう生きるか目標をもって、大学を有効利用する方法を教えます。

383 学校の役割ってなんだろう　中澤渉

忙しすぎる教員、授業への不満、役に立つ教育の要望。学校の様々な課題の背景を理解するために、あらためて学校はなぜあるのか、そして社会との関係を問いなおす。

401 学校はなぜ退屈でなぜ大切なのか　広田照幸

「道徳は教えられるか」「学校の勉強は仕事に役立つか」「教育は格差を解消できるか」「ＡＩ社会で教育は変わるか」――広い視点と多様な角度からとらえなおす。

ちくまプリマー新書

424
偏差値45からの大学の選び方
山内太地
「有名大に行きたい」と思うけれど、合格するのは上位数%だけ。だから重要なのは「第2志望」の選び方を知ること。足りないのは努力でもお金でもなく情報だ！

431
大学マップ
特色・進路・強みから見つけよう！
小林哲夫
偏差値、知名度に左右されず、あなたにあった大学を探してみよう。進路、研究、課外活動など、テーマ別に大学をマッピングすると意外な大学に出会える可能性大！

437
体育がきらい
坂本拓弥
ボールが怖い、失敗すると怒られるなどの理由で嫌われがちな体育だが、強さや速さよりも重要なことがある。「嫌い」を哲学で解きほぐせば、体育の本質が見える。

439
勉強ができる子は何が違うのか
榎本博明
学力向上のコツは「メタ認知」にある。自分自身を客観的に認識する能力はどのようにして鍛えられるのか？勉強ができるようになるためのヒントを示す。

444
学校に染まるな！
――バカとルールの無限増殖
おおたとしまさ
学校には、人類の叡智や希望が詰まっている。でも巧妙な出来レースも仕組まれている。さまざまな教育現場を見てきたプロが教える、学校をサバイブする方法。

ちくまプリマー新書

chikuma primer shinsho

ちくまプリマー新書482

大学《だいがく》でどう学《まな》ぶか

二〇二五年二月十日　初版第一刷発行

著者　濱中淳子（はまなか・じゅんこ）
装幀　クラフト・エヴィング商會
発行者　増田健史
発行所　株式会社筑摩書房
東京都台東区蔵前二-五-三　〒一一一-八七五五
電話番号　〇三-五六八七-二六〇一（代表）
印刷・製本　中央精版印刷株式会社

ISBN978-4-480-68514-8 C0237 Printed in Japan